pinces à linge

Didier Carpentier Joël Bachelet

dessain et tolra
10, rue Cassette - 75006 PARIS

Les auteurs, assistés de Claudie Huang et de Chantal Nelet,
tiennent à remercier pour leur chaleureux concours:
Jeanne Caldray, Eugène Cuillère, Bernard Sergent, Georges Amgibault et Jack Chaussivert.
Dessins, photographies et mise en page
réalisés par les auteurs.

Dépôt légal: 3e trimestre 1984
Imprimé en Italie
par G. Canale & C. S.p.A. - Turin
ISSN 0336-5212
ISBN 2-249-22519-3
***

Table

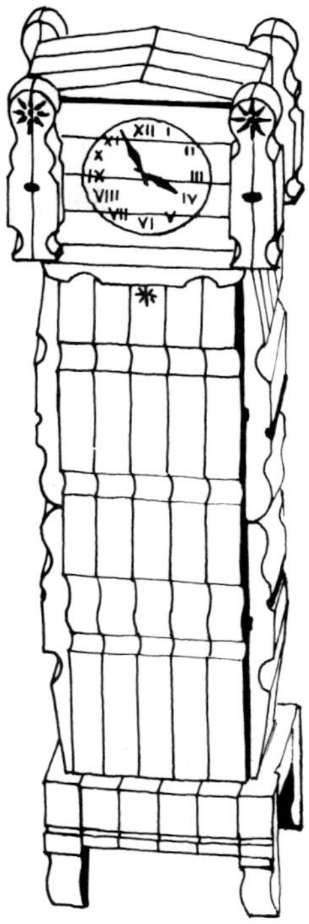

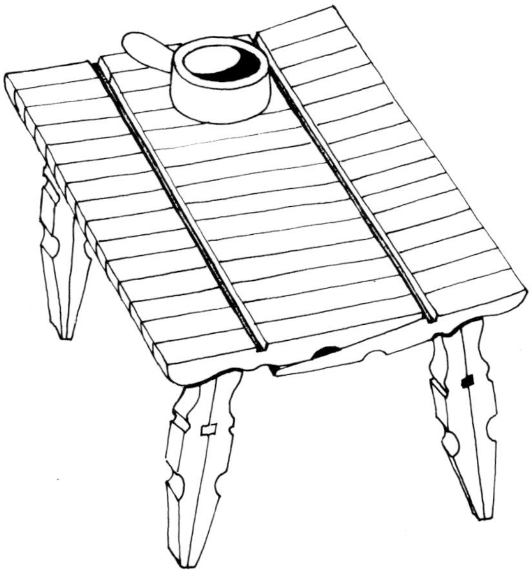

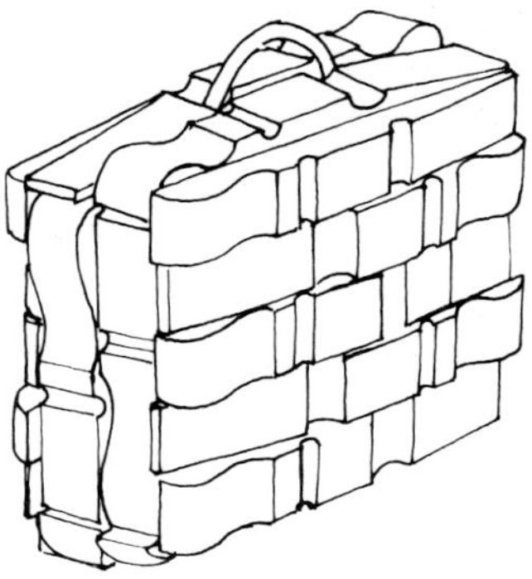

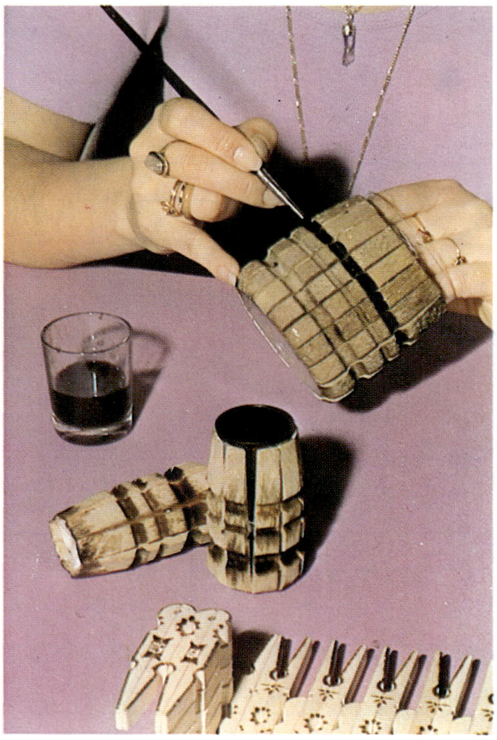

Introduction

La pratique des pinces à linge tend à prendre une place importante dans les activités manuelles et artistiques. Ceci est dû à sa facilité d'accès et aux vastes possibilités qu'offre sa méthode de mise en œuvre basée sur la construction modulaire, dont le fonctionnement simple permet d'agencer les formes et les volumes sans risques d'erreurs.
Si nous avons choisi dans cet ouvrage les pinces à linge comme thème de nos investigations, c'est parce que le matériau suggère en lui-même la fantaisie et, dans ce travail évolutif, une forme engendre toujours une autre forme, ce qui donne à la recherche son caractère spontané et original. Il est rare, effectivement, que l'on puisse, au départ, déterminer avec précision la configuration exacte que pourra avoir tel ou tel objet. C'est au fil du montage lui-même que se dessineront petit à petit ses contours et ses formes en passant par différents stades de progression. Vous pouvez dans un premier temps vous inspirer des modèles présentés ou les reproduire fidèlement, pour ensuite créer vos propres modèles. Il n'y a pas de limites dans la pratique de cette activité ni de règle très rigide en ce qui concerne le montage. Choisissez cependant des modèles qui s'accordent bien avec la construction modulaire, seul type de construction adapté à la matière première : les deux pièces en bois des pinces.
De plus, nous avons associé à cette recherche un système complet de combinaisons des pièces qui vous permettra de mieux comprendre le fonctionnement de leur relation au sein d'un même modèle, ainsi que leurs propriétés. Les schémas traitant de ces multiples combinaisons figurent dans leur majeure partie en tête de l'ouvrage. Ils y sont présentés avec leurs principales applications.
Nous avons limité dans la mesure du possible l'insertion d'éléments étrangers, car nous pensons que les pinces à linge représentent déjà de par leur conformation un répertoire de formes très étendues.
Les modèles de trois grandes catégories d'objets sont ici regroupés : les objets ludiques, les objets fonctionnels, les objets décoratifs. Découvrez-les maintenant en notre compagnie et souhaitons qu'ils soient pour vous, sinon le point de départ d'une nouvelle passion, du moins les sujets de votre contentement et de votre divertissement.

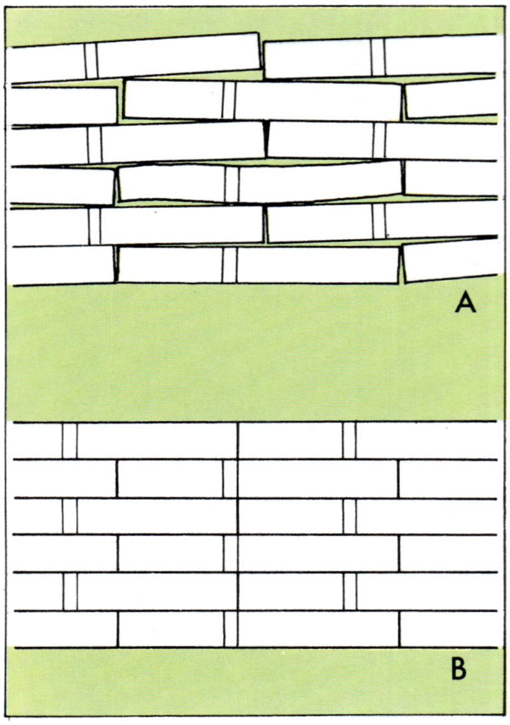

Déboîtement des deux corps de la pince.

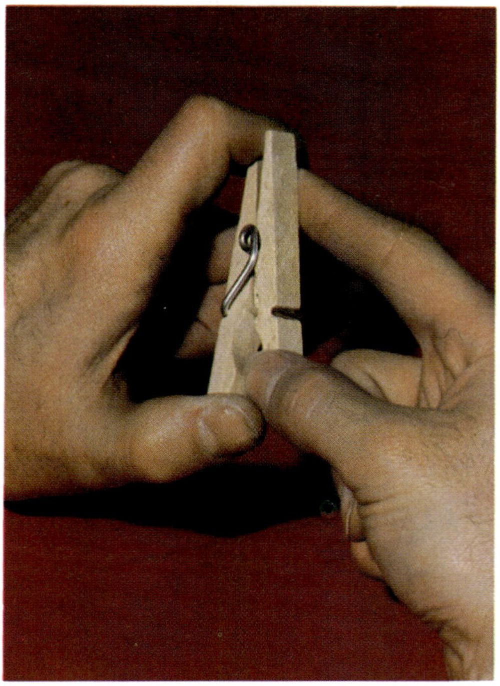

Matière première

Ce qu'il faut savoir, c'est que les pinces à linge ne sont pas toutes semblables; il en existe en métal, en plastique, en bois, des grosses, des petites, des bien finies, des grossières, etc. Nous n'utiliserons, bien sûr, que des pinces en bois; on en trouve au moins cinq sortes, chacune ayant des spécialités d'emploi. Le principe de construction modulaire suivi dans cet ouvrage implique nécessairement que l'on ne mélange pas ces différentes sortes de pinces dans un même modèle. La moindre anomalie formelle de l'une d'elles empêcherait une parfaite cohésion des pinces et entraînerait une disjonction de l'ensemble (disjonction du plus vilain effet, voir schémas A et B). Même entre pièces d'une même série peuvent se révéler des différences (pièces courbes, cassées ou altérées) qui rendront impossible un assemblage parfait.
Un tri s'impose donc. Il a pour objet de séparer les pinces ne présententant pas suffisamment de garanties dans leur conformation et les pièces répondant assez justement aux critères d'assemblages exposés plus loin. Si le formage des pièces limite dans une certaine mesure le façonnage, ces dernières gagneront au ponçage systématique. Effectuez cette opération avec un papier de verre fin pour améliorer leur état de surface. Naturellement, la plupart des modèles que nous présentons ne demandent pas un ajustage excessivement précis; toutefois la tolérance des pièces n'excède que rarement 1 mm.
La perfection des pinces est généralement inégale d'une fabrication à l'autre, certaines pièces sont plus ou moins bien finies; on choisira de préférence les premières pour les travaux minutieux, et on réservera les secondes qualités de pinces, parmi lesquelles le déchet est important, pour certaines infrastructures non visibles (dans ce cas, en effet, l'aspect de surface importe peu; notons qu'il peut également y avoir

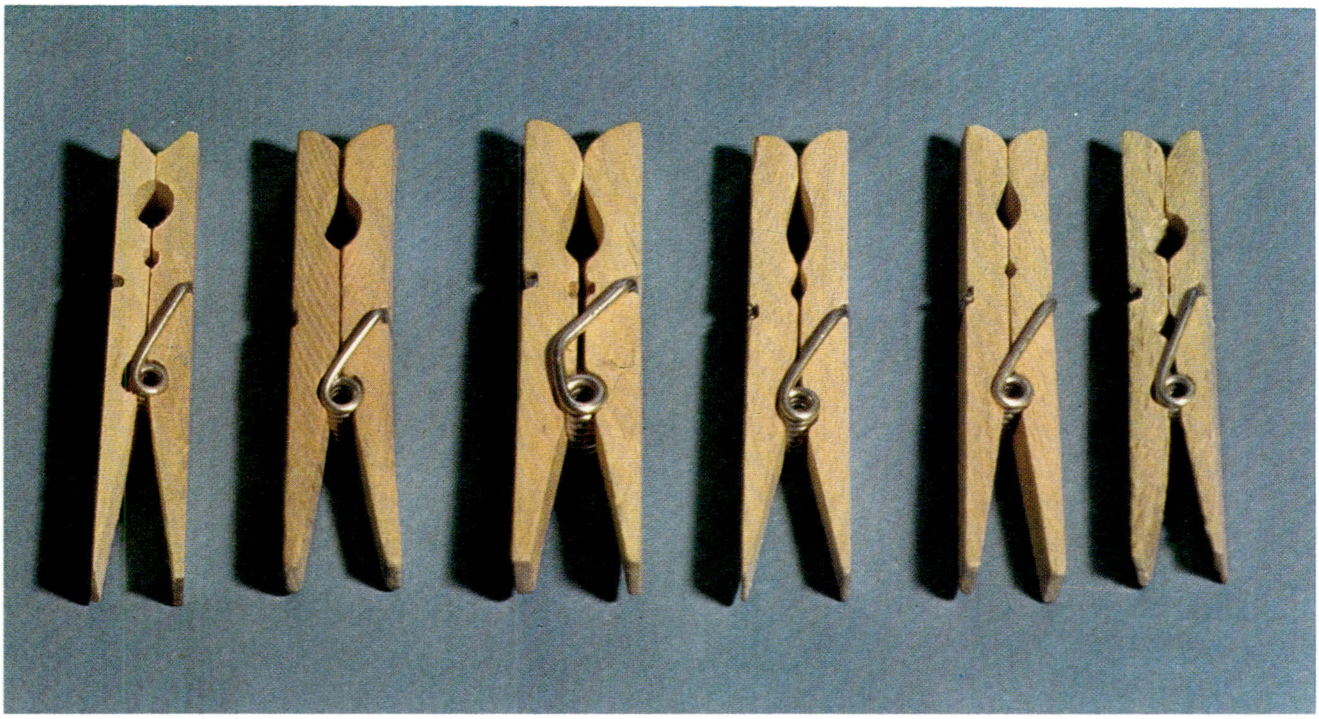

Différents types de pinces.

des écarts de prix très sensibles entre catégories). Le type du modèle à réaliser déterminera donc votre choix.
Assurez-vous, pour plus d'économie, que les pinces choisies se vendent bien en pièces détachées comme dans certains magasins spécialisés, surtout s'il vous en faut de grandes quantités. Dans le cas contraire, vous avez toujours le loisir de vous rabattre sur quelque paquet de pinces ordinaires, montées avec leur ressort. Vous devrez les décortiquer toutes avant l'emploi en écartant latéralement les extrémités les plus fines et en faisant pivoter les deux pièces de bois sur elles-mêmes. En principe, le ressort saute de lui-même sans difficulté.
Le choix des pinces à linge est aussi déterminé par les caractéristiques et l'aspect du modèle à réaliser. En effet, à ces constructions modulaires sont liées deux notions essentielles : le traitement du détail et l'appréciation de l'échelle. Si les modèles fondamentaux peuvent être réalisés dans une échelle indéfinie (un cube, par exemple, grand ou petit), les modèles comportant une superstructure plus complexe doivent être obligatoirement traités dans une échelle assez grande (l'oiseau, page 48, par exemple), ainsi que les modèles comptant des formes pleines ou arrondies (le crocodile, page 61, par exemple) ; il est difficile de donner un aspect fuselé à un modèle ne comportant que trois pièces seulement.
Vous rencontrerez à plusieurs reprises ces problèmes d'échelle et de détail, aussi est-il prudent dès maintenant de vous habituer à ces notions de base, car il n'est pas dit que vous réussissiez du premier coup la première structure de votre invention.
Quoi qu'il en soit, vous choisirez des pinces courtes pour des réalisations à petite échelle et des pinces longues pour des réalisations à grande échelle.

Modèle fuselé réalisé à grande échelle.

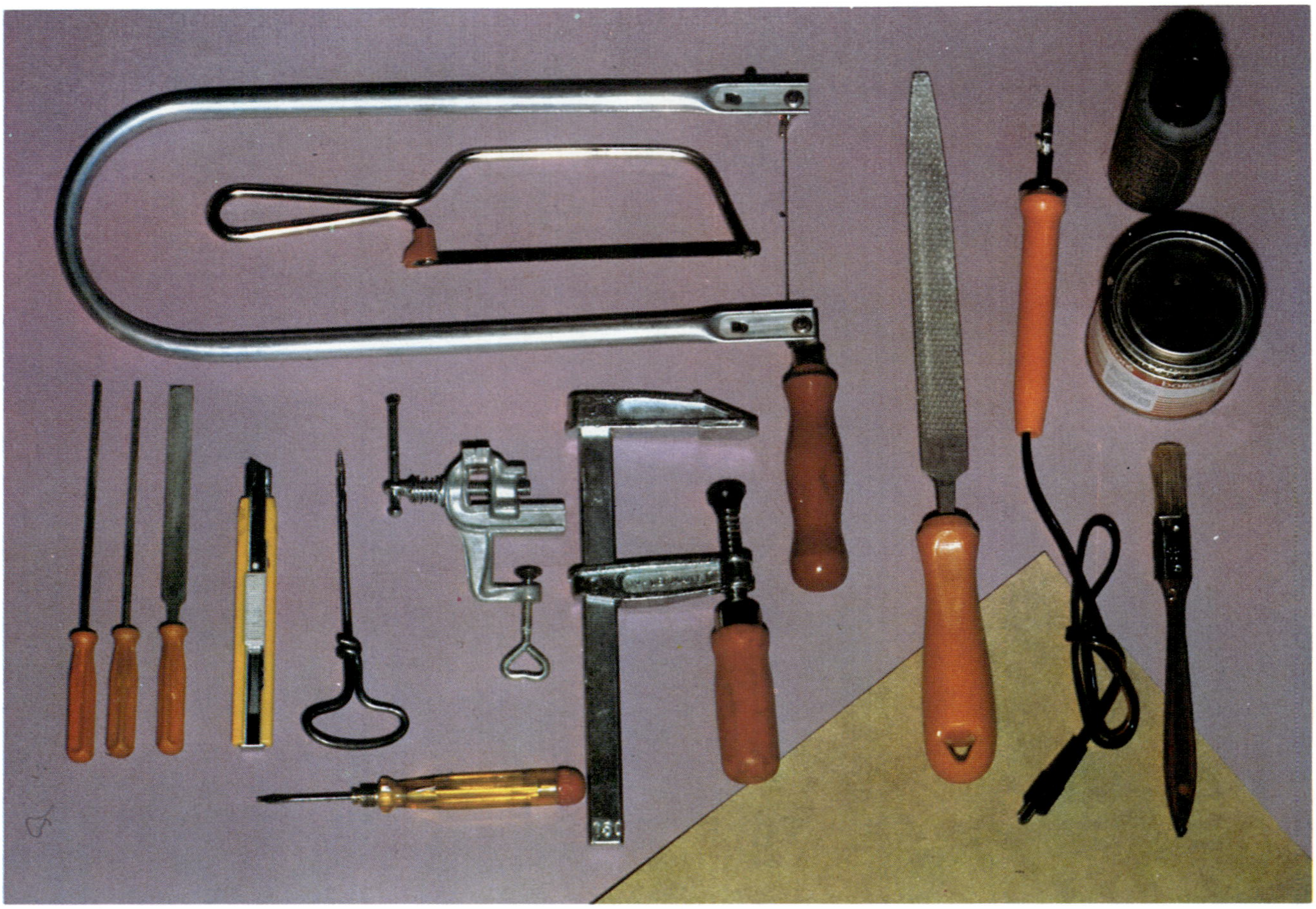

Équipement et mise en œuvre

C'est en réalité un équipement pour le travail du bois; on y retrouve les ustensiles de mesure et de traçage, les outils de coupe et d'immobilisation, le matériel pour les assemblages, le façonnage, etc.
L'*immobilisation* se fait habituellement à l'aide d'un serre-joints à friction ou à vis. On y a recours pour une bonne partie des opérations de découpe et de sciage, car la petite taille des pinces ne permet pas une préhension suffisamment aisée. L'immobilisation consiste à amarrer solidement la pièce à découper sur le bord d'un plan de travail pouvant recevoir sans gravité les coups de scie éventuels. Ne prenez pas des serre-joints trop gros, choisissez-les en fonction de la taille des pièces et de l'épaisseur du plan de travail. Rajoutez une cale entre la rondelle du serre-joints et la pièce à scier pour éviter tout risque d'empreinte de la rondelle. Prenez garde de bien placer la pièce dans l'axe de la rondelle et de la branche du serre-joints si vous ne désirez pas avoir de désagréments au serrage.

La *découpe* des pièces s'effectue avec une petite scie droite ou avec une scie à découper suivant la nature de l'opération. La première donne une coupe droite et précise, elle convient tout à fait pour des interventions sur des pièces collées et dans le travers des pièces en oblique. La seconde donne une coupe franche et rapide, on l'emploie pour des découpes perpendiculaires au plan plat des branches des pinces.

Le *traçage* est réduit au minimum, car nous sommes en présence d'une construction modulaire faisant appel à des éléments préformés. Munissez-vous quand même d'un crayon gras et d'une règle graduée pour faciliter vos manœuvres de répartition des pièces de part et d'autre d'un axe ou à l'intérieur d'une surface.

Il se peut que vous soyez amené à tailler certaines branches pour réaliser un *ajustage,* faites-le au moyen d'un couteau à lame plate ou d'un cutter (couteau à lame rétractable). L'emploi d'une râpe peut également être d'un grand secours pour diverses rectifications des branches, tout comme les pinces coupantes qui permettent des interventions rapides sur la partie fine des pinces.

Pour les *finitions* et le *dressage des chants,* vous aurez besoin de papier abrasif de différentes finesses. Prévoyez aussi un produit bouche-pores si vous désirez une très grande qualité de surface (la peinture des pièces s'en trouvera d'autant facilitée).

Le *collage* reste encore la technique la plus adaptée au montage. C'est une opération délicate qui demande un certain nombre de précautions. En premier lieu, assurez-vous que rien ne gène la parfaite jointure des deux pièces à coller. Vérifiez la rectitude de leur position respective en procédant à une première mise en place sans collage, en vous guidant s'il y a lieu d'après le plan plat de votre table de travail. Réajustez éventuellement. Encollez parcimonieusement vos deux pièces et marquez une légère pause avant l'assemblage définitif.

Les types d'assemblage sujets aux déformations en cours de séchage devront faire l'objet d'une immobilisation par serre-joints, ou étau, mais pour le collage successif des pièces une simple pression des doigts suffit en général à amorcer la prise de la colle. On recommande pour le collage de plusieurs pièces autour d'une première structure en pinces à linge ou autour d'une forme, l'emploi d'un ruban adhésif ou d'un élastique pour maintenir l'ensemble pendant le séchage.

Munissez-vous également de quelques petites baguettes en bois pour l'application de la colle et taillez-en les extrémités en pointe de manière à enlever l'excédent de colle et les débordements dans les coins et les interstices; cela se fait lorsque la colle commence à durcir légèrement et que sa consistance devient pâteuse.

Pour réaliser vos assemblages plusieurs colles sont à votre disposition. Parmi elles, nous retiendrons : les colles vinyliques à séchage rapide (invisibles une fois sèches) et les colles fortes néoprène d'une longévité à toute épreuve.

Pour plus d'aisance dans les opérations de sciage nécessitant une immobilisation, pratiquez une petite avancée dans le plan de travail.

Assemblages de base

Au fil des modèles, la pratique de la pince à linge nous a amenés à définir certains assemblages de base. Ce sont ceux que l'on retrouve le plus souvent dans les modèles présentés. Nous les avons regroupés une fois pour toutes pour ne pas avoir à y revenir chaque fois que nous les rencontrerons dans l'ouvrage.

Afin de mieux comprendre leurs mécanismes, la manière de les réaliser et les principaux rôles qu'ils peuvent jouer dans la conception des modèles, nous les avons divisés en une dizaine de catégories. Mais avant de les découvrir, une rapide analyse nous a permis d'isoler les neuf éléments de l'anatomie des pinces à linge (des demi-pinces, plus exactement). Cette courte terminologie interviendra tout au long de l'ouvrage pour les désigner. Il sera question d'assemblages « plat sur plat » ou « pan sur pan », des notions simples que vous assimilerez sans difficulté.

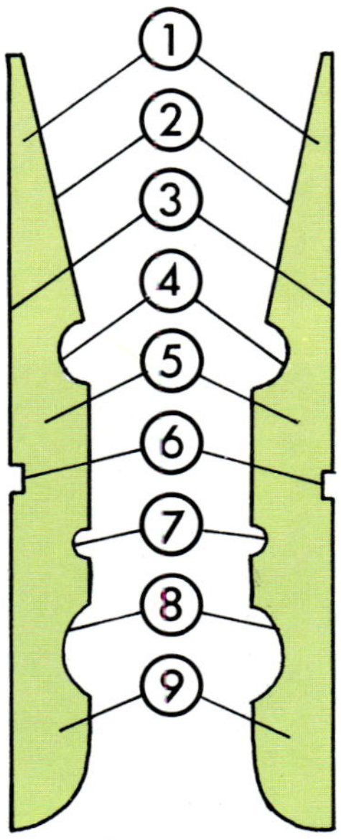

1. Branches. — 2. Pans obliques. — 3. Plats. — 4. Creux du ressort. — 5. Corps. — 6. Saignées des pattes du ressort. — 7. Creux du fil. — 8. Creux du linge. — 9. Mâchoires.

L'anatomie des deux pièces de bois d'une pince ne varie pas beaucoup d'une fabrication à l'autre, seul le profil change, mais malgré cela, on retrouve invariablement les mêmes constituants : le *corps* de la pince, qui distribue et répartit (dans sa fonction initiale) les forces en présence ; les *mâchoires,* chargées de maintenir le linge ; et les *branches* avec lesquelles on fait pivoter les deux pièces de la pince autour du ressort. Remarquons également sur chacune d'elles quatre entailles ou creux transversaux : le *creux du linge,* le *creux du fil,* et le *creux du ressort,* sur la face interne, puis la *saignée des pattes du ressort* sur le côté plat. La majorité des assemblages se font sur le chant, sur le plat et le plan oblique des pièces en bois compris entre le creux du ressort et l'extrémité qui en est la plus proche.

D'autres assemblages s'effectuent par superposition, par emboîtement, ou par les arêtes, ou encore par combinaison de deux types d'assemblage. Dans tous les cas, l'opération se fait obligatoirement par collage.

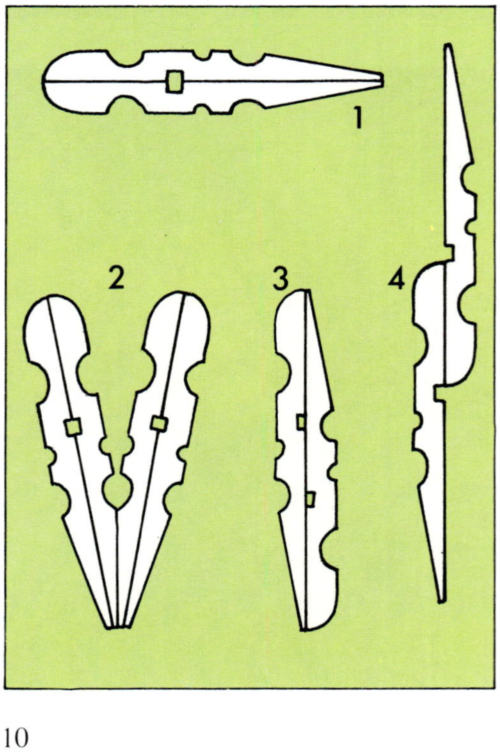

Assemblages plat sur plat

Ce sont des assemblages que l'on effectue en juxtaposant deux pièces par leur côté plat, ceci en calant l'ensemble par les chants sur un plan de travail. Le plus simple de la catégorie est l'*assemblage fondamental droit* (fig. 1) qui sert à jumeler chaque pièce de manière à constituer un nouveau module compact. C'est le plus résistant de tous (vu l'importance des surfaces en contact). Il est employé dans de nombreux modèles et ouvre la voie d'une famille de formes très aérées et souples dont fait partie sa conjugaison avec l'assemblage pan sur pan, droit (fig. 2). La disposition rayonnante de celui-ci est utilisée pour de nombreuses rosaces ou secteurs. Le second de la catégorie (fig. 3) est l'inverse du premier. On le rencontre dans des constructions verticales, conjugué à des assemblages sur chants.

Le troisième (*par les mâchoires,* fig. 4) se fait le plus souvent en déterminant les surfaces en contact par chaque saignée des pattes de ressort. Ce module très élancé est souvent fixé sans juxtaposition directe à des constructions traversières. Notons aussi l'application en fin de structure dans la réalisation d'apophyses.

La principale distinction du quatrième assemblage est sa disposition *en ligne* (fig. 5), c'est-à-dire toutes branches dans le même sens et, du fait, toutes mâchoires aussi. Les surfaces en contact sont généralement comprises, dans ce cas précis, entre les creux du ressort et des pattes. Cet assemblage est analogue au précédent mais il s'accorde plus facilement aux constructions verticales en ligne, de par sa constitution précisément.

L'assemblage par les branches (fig. 6) met en contact le plat des deux pièces sur une distance située entre les deux creux de ressort. Ce type d'assemblage est employé plus particulièrement dans l'élaboration de volumes comportant des changements de section.

L'assemblage à mi-largeur (fig. 7) se fait verticalement et sur toute la longueur des pinces, sa caractéristique tient au fait que les surfaces en contact sont la moitié du plat de l'une et la moitié du plat de l'autre, toutes deux délimitées par l'axe longitudinal. Cet assemblage donne une construction plus robuste que l'assemblage conjugué (plat sur plat droit) et (chant sur chant droit). Une variante de cet assemblage permet d'agencer une disposition *« en éventail »* (fig. 8) ; on l'obtient en plaçant l'extrémité des mâchoires ou des branches de telle façon que le coin supérieur gauche d'une pince soit confondu avec le coin supérieur gauche de l'autre.

Assemblages par superposititon

On désigne par ce terme l'action « d'empiler » les pinces, plats contre reliefs. La *superposition droite* (fig. 9) se fait dans le même sens et le plus souvent verticalement, c'est-à-dire les branches en haut et les mâchoires en bas. Elle est bien indiquée pour le montage de cloisons ajourées. La *superposition inversée* (fig. 10) est une variante de la précédente et se fait en plaçant les pièces une fois sur deux dans le même sens. La superposition partielle (fig. 11) s'effectue horizontalement dans le même sens, soit dans la longueur, pour la réalisation de panneaux ajourés, soit en décalant les pièces dans leur largeur pour donner un assemblage bien adapté aux formes pleines, fuselées ou arrondies.

Assemblages pan sur pan

Il désigne le collage de deux pièces par leur pan oblique. Là encore, l'opération s'effectue en calant le chant des pièces sur le plan de travail. On distingue deux assemblages simples : l'*assemblage droit* (fig. 12) que l'on réalise en plaçant les deux branches dans le même sens et au même niveau (les deux extrémités étant confondues) et l'*assemblage inversé* (fig. 13). Contrairement au précédent, il se fait ici en calant l'un des deux côtés larges des pièces sur le plan de travail. L'assemblage droit s'intègre bien dans des structures en éclatement et au montage de deux plans obliques sur chant. On le retrouve, conjugué à l'assemblage droit (plat sur plat) pour des structures rayonnantes (fig. 14). L'assemblage inversé est surtout utilisé pour la confection de petites traverses servant de supports à d'autres pièces à contact partiel ou pour

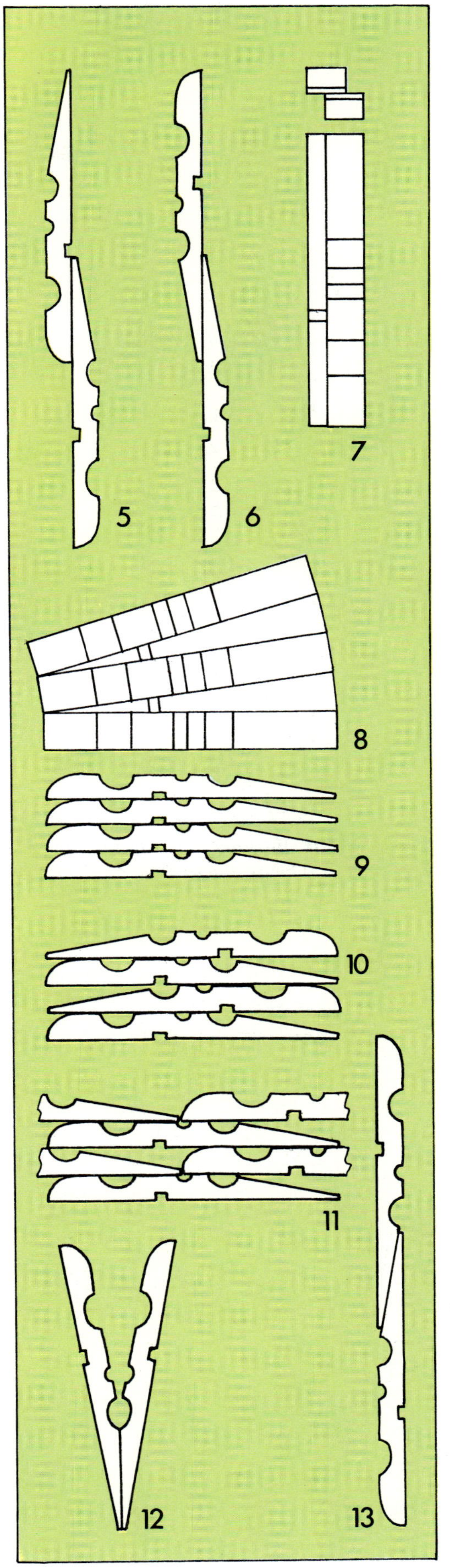

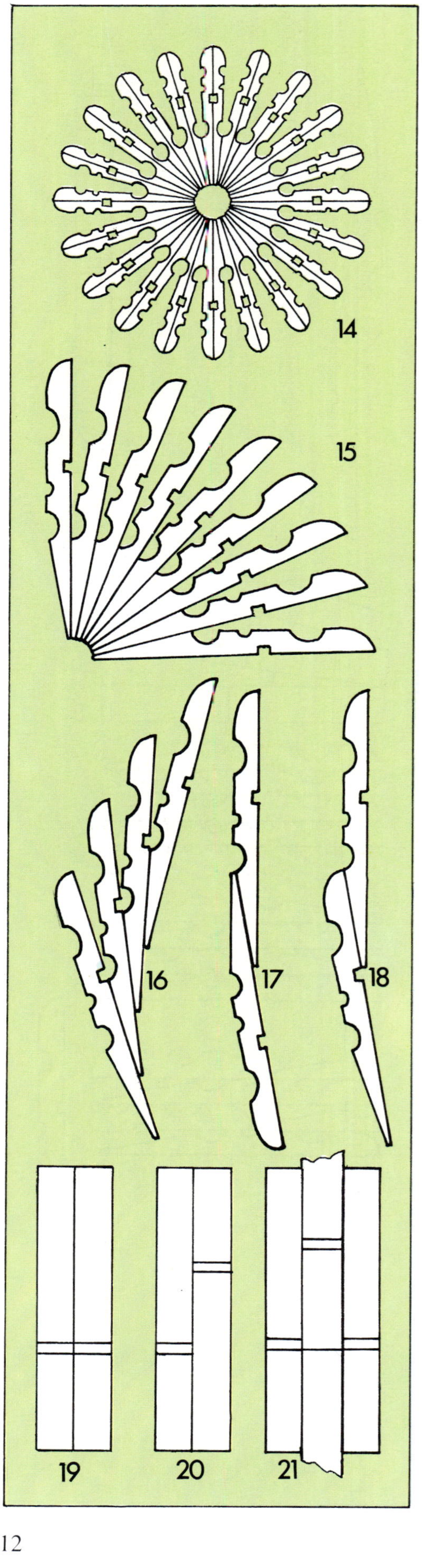

la confection d'armatures sur différents plans (notamment lorsqu'il est conjugué aux assemblages, chant sur chant et par les mâchoires et les branches).

Assemblages plat sur pan

Comme le nom l'indique, il s'agit de l'assemblage de deux pièces par le plat de l'une sur le pan oblique de l'autre. Il en existe trois principaux. Le plus usité est certainement l'*assemblage en faisceau* (fig. 15) avec les extrémités confondues, ce qui donne une disposition rayonnante plus homogène que celle de l'assemblage conjugué plat sur plat droit et pan sur pan droit. On le retrouve aussi dans de nombreuses rosaces. Le nombre des pièces est ici fonction de l'angle du pan oblique. Là encore, il n'est pas bon de mélanger différents types de pince si l'on veut garder une grande régularité dans l'assemblage. Les assemblages dérivés de ce dernier comportent chacun des caractéristiques intéressantes sur le plan plastique, notamment la disposition « en gerbe » (fig. 16) avec les extrémités décalées les unes par rapport aux autres. Cette disposition peut symboliser le plumage d'un oiseau ou le feuillage d'un végétal.

L'assemblage par branches (fig. 17) se fait en appliquant le côté des deux pièces par les branches sur une distance comprise entre l'extrémité la plus fine jusqu'au creux du ressort. On l'utilise, conjugué à un assemblage sur chant, pour le montage de panneaux à deux pans obliques séparés par un petit plan intermédiaire. Mentionnons aussi son emploi dans la confection de petits éléments de liaison entre deux plateaux d'inégales largeurs.

Dans l'*assemblage en ligne* (fig. 18), les surfaces en contact sont comprises, pour le pan, entre le creux du ressort et l'extrémité la plus fine qui correspond souvent sur l'autre pièce à la distance comprise entre le creux de la patte de ressort et l'extrémité des mâchoires. C'est l'assemblage idéal pour la réalisation de grands arcs ou de montures arrondies ainsi que de panneaux bombés.

Assemblages chant sur chant

Ce sont les assemblages effectués par le chant des pièces, le plus simple de tous étant l'*assemblage droit* (fig. 19); dans ce cas, le contact des chants est total, ce qui implique que les deux pièces soient parfaitement rectilignes et de même longueur. On recommande pour ce type d'assemblage et pour les suivants de placer les deux pièces sur le plan de travail par leurs côtés plats de façon à garantir la perpendicularité des plats et du joint de colle. L'assemblage droit (chant sur chant) est probablement l'un des plus courants car il est bien approprié au montage de petites cloisons et de plateaux d'infrastructure, par exemple. Sa caractéristique essentielle demeure avant tout sa forte résistance.

L'*assemblage inversé* (fig. 20) se prête à la construction de petits planchers dont les reliefs sont prévus pour reposer sur un plan plat. Sa résistance est plus faible que celle du précédent mais peut malgré tout supporter des pressions non négligeables, car le contact entre les deux pièces s'établit sur toute la longueur; les extrémités se trouvent donc au même niveau.

Le montage de ce modèle fait appel à des types d'assemblage très variés, dont la combinaison donne un grand éventail de formes.

L'*assemblage en parquet* (fig. 21) n'est pas limité dans ses proportions. On peut donc assembler autant de pièces que l'on veut, en largeur comme en longueur. La particularité de cet assemblage est sa disposition en lames de parquet à « coupe de pierre », c'est-à-dire que chaque pièce est assemblée partiellement sur la moitié de sa longueur. On le rencontre fréquemment dans la confection de cloisons pleines sans ouvertures ; ceci n'est pas la seule façon de l'utiliser car on peut aussi ménager des ouvertures d'importance variable (fig. 22).
L'*assemblage* de deux pièces *sur deux plans différents* (fig. 23) convient parfaitement pour le montage ajouré et les structures en claustra, chaque pièce reposant sur deux autres pièces en deux points d'appui distincts. Les angles peuvent avoir la mesure que l'on souhaite.

Assemblages par les chanfreins
Ils ne sont bien réalisables qu'avec des pièces comportant un chanfrein très prononcé à l'extrémité des mâchoires. On en compte surtout deux : l'*assemblage ouvert* (fig. 24) avec les pièces dans le prolongement l'une de l'autre, et l'*assemblage à 90°* qui, comme son nom l'indique, détermine un angle droit (fig. 25). Dans ce cas, le contact des deux surfaces est total, alors que, dans le premier, le contact est partiel car le plat d'une pièce est aligné avec les reliefs de l'autre sur le

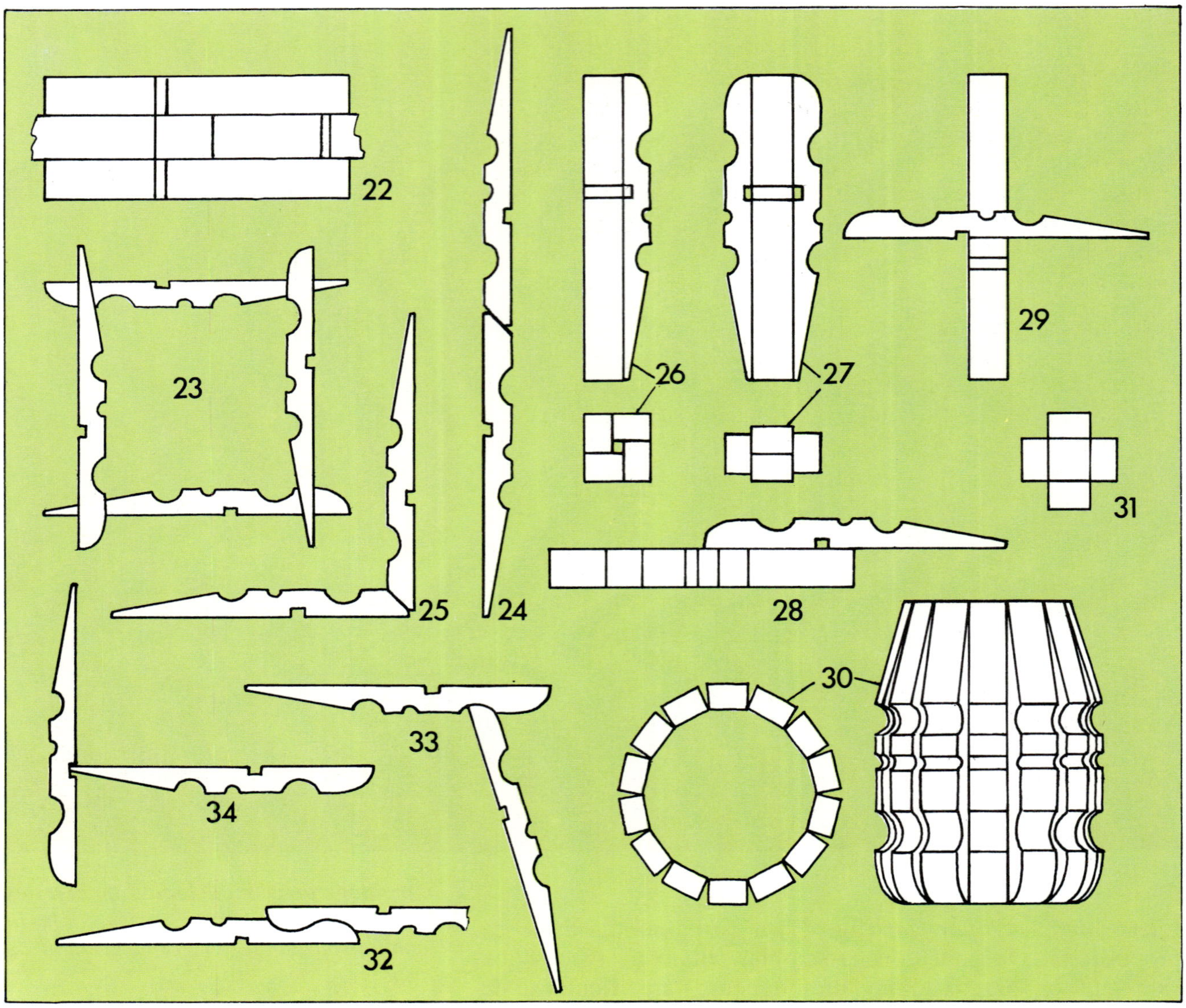

Assemblage conjugué par emboîtement et par les arêtes.

plan de travail. L'assemblage ouvert est utilisé pour la réalisation de montants verticaux ou de bordures de panneaux. L'assemblage à 90°, lui, s'applique plus spécialement aux constructions de panneaux à angles droits.

Assemblages plat sur chant

Les assemblages de deux pièces effectués par le plat de l'une et le chant de l'autre se décomposent en plusieurs types : l'*assemblage par les arêtes droites* (fig. 26), peut servir de point de départ de structures symétriques ou concentriques, alors que son dérivé, l'*assemblage par les reliefs* (fig. 27), est davantage adapté à la construction de petites unités indépendantes. Les deux assemblages s'effectuent verticalement et les surfaces en contact s'étendent sur toute la longueur des pièces. Dans la même catégorie, on reconnaît aussi les *assemblages à mi-longueur,* qui servent de point de départ à des structures longitudinales (fig. 28), et les *assemblages sur deux plans,* tout à fait indiqués pour la réalisation de piètements (fig. 29).

Assemblages conjugués
Ces assemblages sont des combinaisons de deux ou trois assemblages simples. Ils sont très nombreux. On retiendra parmi eux : les assemblages par imbrication plat sur plat (droits), pan sur pan inversés et reliefs sur reliefs; plat sur plat (droits) et reliefs sur reliefs; par superposition droite et plat sur plat (par les branches) ou encore, chant sur chant et plat sur plat (droits). Ils permettent la réalisation de cloisons très régulières et très solides.

Assemblage par les reliefs
C'est l'assemblage qui restitue la position première des deux parties de la pince à linge assemblées par le ressort. On l'utilise le plus souvent conjugué à d'autres assemblages; il peut servir d'élément central à de nombreuses structures à développement circonscrit, ou de liaison entre secteurs d'une même construction.

Assemblages particuliers
Cette catégorie regroupe tous les autres types d'assemblages. On peut y inclure les *assemblages par les arêtes* (fig. 30), qui se construisent le plus souvent sur une forme escamotable ou sur un ensemble fixe en assemblant autant de pièces que l'on veut sur toute la longueur, pourvu qu'on n'oublie pas d'assembler la première à la dernière.
Sur ce même principe, il est possible de réaliser des petits modules de trois ou quatre pièces pouvant servir de coffrage central pour construction légère (fig. 31). Sont également inclus dans cette catégorie les *assemblages par emboîtement* (fig. 32 et 33), très utiles dans le travail en trois dimensions et les changements de plans, les *assemblages par les creux* (fig. 34), qui permettent une construction apte à recevoir un effort mécanique (suspension d'objet par exemple) et les *assemblages en diagonale* pour assurer les bords d'une cloison (fig. 35).
Les assemblages seront le plus souvent définis tout au long de l'ouvrage par les pièces elles-mêmes, ex : assemblages droits; pièces assemblées droites.

fig. 35

La plupart des assemblages utilisés dans la réalisation de ce modèle se font sur chants ; les pièces coupées nécessitent un assemblage spécifique, notamment les montants.

Décoration

Vernissage d'un modèle.

Il vous est possible de décorer votre modèle ; les modes de décoration sont ceux du bois : vous pourrez peindre, vernir, cirer, teindre, pyrograver vos modèles, ou encore rapporter des motifs collés. Mais auparavant, procédez à une série d'essais pour bien maîtriser la technique choisie. Attention ! la décoration n'est pas une distribution anarchique de motifs et de couleurs, aussi adapterez-vous le mode de décoration aux caractéristiques de votre modèle ; en règle générale, un modèle à structure complexe se suffit à lui-même, son aspect brut mettra beaucoup plus ses formes en valeur.

Si vous décidez de teindre vos modèles, n'oubliez pas de passer un produit bouche-pores après le séchage de la première couche. Harmonisez les couleurs en fonction du cadre où sera exposé le modèle.

A défaut de teinture, vous pourrez avoir recours à la gouache délayée dans de l'eau pour les tons bruns ; un excellent ton « terre d'ombre » peut être élaboré pour donner l'aspect d'une véritable teinture.

Avant de peindre ou de vernir, une couche de produit bouche-pores est recommandée pour une meilleure adhérence ; de cette manière, vous éviterez l'inconvénient majeur d'un grand nombre de pinces : la porosité.

Les vernis s'étalent au pinceau (un pinceau plat et large de 1 cm); il est bon d'attendre entre chaque couche et de passer le vernis sans excès pour obtenir un résultat correct.
Deux couches assez épaisses de gouache sont souvent indispensables pour couvrir les pinces; utilisez pour cela de la gouache ordinaire et étalez-la en couches bien régulières. Votre pinceau doit être fin et souple. Prenez soin d'épargner le creux des reliefs pour garder intact la configuration des pièces. Terminez toujours par un vernis bien homogène pour préserver la gouache de l'action de l'eau.
Les peintures à l'huile sont vendues sous de multiples marques, elles réunissent pour la plupart d'excellentes qualités d'aspect. Leur temps de séchage varie de deux à six heures, aussi est-il important de peindre à l'abri des poussières.
Les bains d'encre offrent l'avantage d'une grande imprégnation dans le bois. Cette technique s'adapte bien à la coloration préalable, c'est-à-dire avant le montage. Les pièces sont plongées entièrement dans une solution d'eau et d'encre puis séchées avant le collage, ce qui donne une grande homogénéité dans le ton choisi. Bien sûr, plus aucune modification dans la forme n'est possible après l'immersion. Si certaines demi-pinces doivent subir des modifications ou des rectifications de profil, faites-le avant la coloration. Les encres se diluent en général à l'eau, vous pourrez donc obtenir des tons très nuancés.

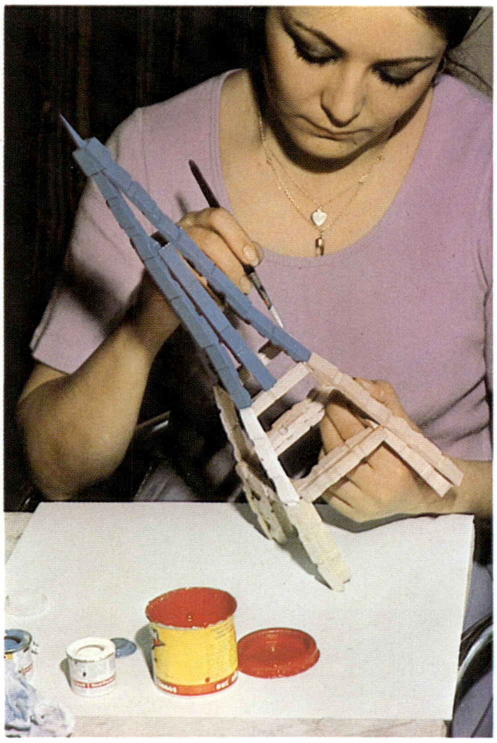

Application de la peinture au pinceau.

Peinture effectuée au pulvérisateur.

Les autocollants et les décalcomanies peuvent être, eux aussi, utilisés. La condition principale du succès de l'opération est l'état de surface; en effet, les pinces devront être aussi lisses que possible pour recevoir le produit stabilisateur.
La pyrogravure est tout indiquée pour le bois naturel, qui peut ensuite être verni. Utilisez de préférence des poinçons matoirs plutôt que des pointes ordinaires, ceci afin d'accentuer le caractère modulaire de la construction.
Les insertions d'éléments étrangers sont limitées à des accessoires courants dont les formes sont difficiles à reconstituer avec des pinces, en particulier les formes issues du cercle (torons, perles, boules, billes, etc.). Leur emploi sera cependant assez modéré.

Pyrogravure à la pointe.

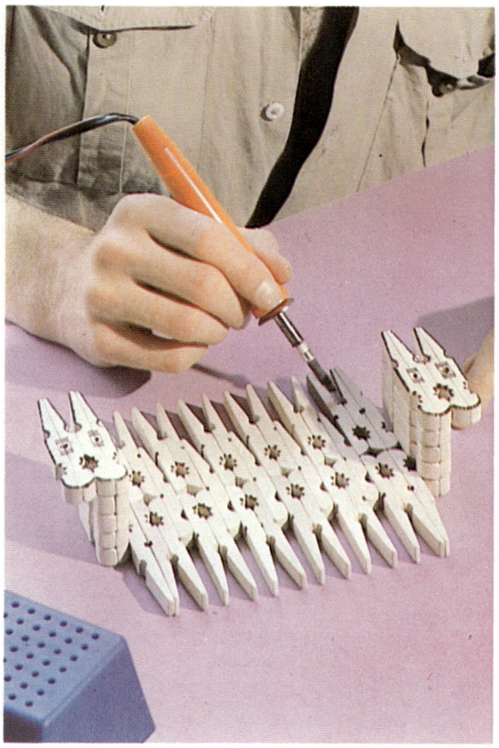

Mobilier d'intérieur

C'est quelquefois avec beaucoup de bonheur que se traduit en nous ce constant besoin de bien-être, et il suffit bien souvent d'un petit rien d'émotion pour redonner à un intérieur la note pittoresque qui en réchauffera l'atmosphère. Vous la retrouverez en réalisant vous-même les objets de cette ravissante série, témoin de notre quotidien le plus éloquent, depuis ce somptueux fauteuil jusqu'à ces petites chaises de style, réalisées avec beaucoup de goût et de simplicité.
Une trentaine de pièces sont nécessaires pour leur confection, (entières pour la plupart), chacune étant soigneusement finie avant assemblage. Les pièces d'insertion, réduites à quelques traverses ou piètements, sont destinées à casser plus ou moins l'échelle et à diminuer les dimensions : si les traverses et le dossier du fauteuil avaient été confectionnés avec des pinces, son échelle s'en serait trouvée sensiblement augmentée. Il s'agit là de cas particuliers qui concernent les objets pourvus de détails assez petits. Tous ces modèles peuvent s'intégrer sans problème dans des cadres très différents, leur habillage peut donner lieu à une grande originalité.
Le montage des sièges s'effectue habituellement à partir des pieds et des traverses, pour pouvoir mieux asseoir les modèles; sont ensuite montés les dossiers puis les barres inférieures.
Prenez garde de choisir des pièces de même longueur afin d'obtenir des profils identiques sur les deux côtés de vos modèles.

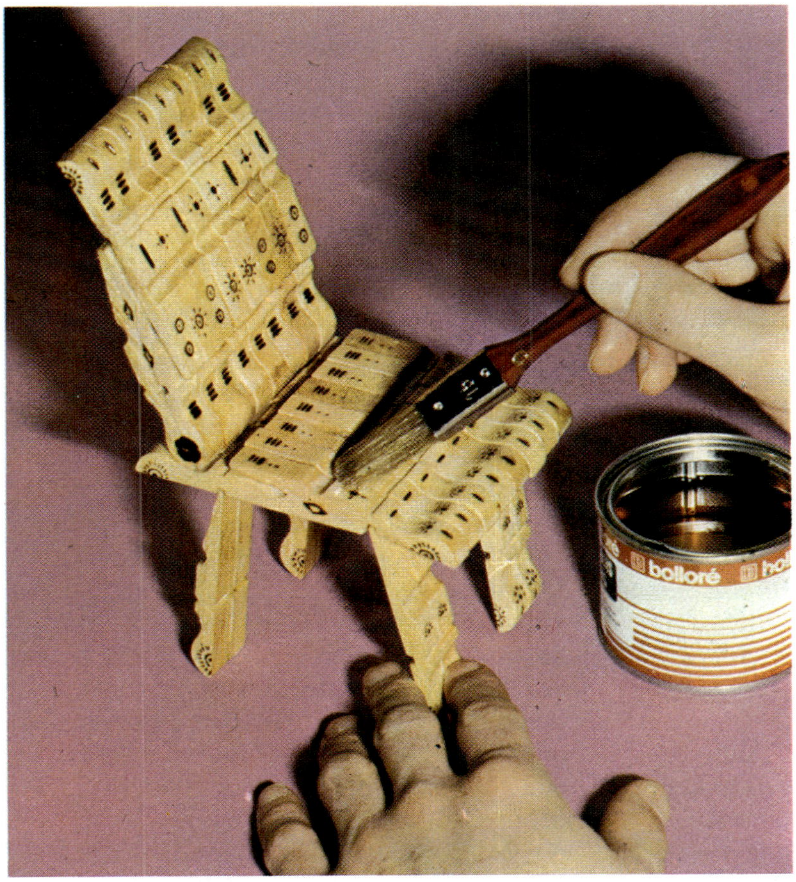

Siège droit
Ce petit siège droit est constitué d'assemblages simples; il peut être réalisé avec ou sans bras selon que l'on veut en faire un fauteuil ou une chaise. Dans un cas comme dans l'autre, la construction s'effectue de la même façon.
Pour commencer, prenez 48 pièces d'une même série. Le modèle utilisé est le grand modèle de pinces (77 × 10) à mâchoires arrondies. Mais le siège aurait pu tout aussi bien être confectionné avec un autre type de pinces.
La première chose à faire est de constituer trois petits plateaux de huit pièces assemblées, chant sur chant, droites.
Collez-les deux à deux de manière à former un assemblage plat sur chant, les branches des unes étant placées sur les autres au niveau du creux des pattes de ressort.
Placez ensuite deux autres pièces, plat sur plat droites, sur les deux pièces latérales d'un des deux modules constitués. Collez ces deux derniers par emboîtement de façon à former un angle de 70°.
Assemblez huit pièces deux à deux au moyen d'assemblages droits, chant sur chant. Posez votre précédente structure par le chant sur la table de travail. Adjoignez-lui deux des quatre pieds sur la face plate de cette structure, ceci en plaçant l'extrémité de leurs branches dans le creux des pattes de ressort, à raison d'un pied par creux. Il faut que les plats des pièces composant le pied soient dirigés l'un vers l'autre et que les grands côtés latéraux soient posés sur votre table.

Ossature du fauteuil.

Cette ossature, destinée à former une chaise, est dérivée du modèle précédent.

Procédez de la même façon avec les deux autres.
Si vous voulez mettre des bras à votre siège, confectionnez deux modules de deux pièces assemblées plat sur plat (droites), puis coupez deux autres pièces à 28 mm de l'extrémité de leur mâchoire. Collez-les pour finir dans le « creux du linge » de chaque module précédent (reliefs vers le dossier) et rapportez le bras sur les côtés du siège en prenant soin de bien placer les branches sous le décrochement du dossier.

Fauteuil
Contrairement aux autres fabrications de la série, celle-ci nécessite des pièces étrangères aux pinces. L'association est réalisée avec cohérence et mesure. Les pièces rapportées ne nuisent en aucune façon aux autres, au contraire, les différents éléments de la structure se mettent en valeur. Il a fallu adopter dans l'élaboration de l'ossature le parti d'adapter les pinces aux montants verticaux et réserver les profilés pour les traverses. Cette simple organisation permet de donner à l'ensemble un air d'équilibre et restitue les bons rapports de dimensions entre traverses et montants.
Rentrent dans la composition de la structure : huit pièces entières et six pièces coupées. Les pièces entières constituent les montants du dossier, à raison de trois de chaque côté, assemblées plat sur plat (droites) et pan sur plat (pour les branches) et deux pour le dessus des bras. Les pièces coupées constituent les montants du devant ; quatre sont assemblées, plat sur plat (droites) et coupées puis poncées à 17 mm du haut. Les deux autres pièces sont coupées en biais juste après la patte de ressort.
La partie supérieure du dossier est découpée dans une fine plaque de bois et poncée. Les cinq pièces transversales ont une longueur légèrement supérieure aux pinces. De cette façon, les montants reposent dessus. Les quatre traverses latérales ont une dimension plus réduite.
Réalisez l'habillage au moyen de deux petites plaques de bois très fines, récupérées dans des cageots par exemple, et recouvertes d'un morceau de tissu de votre choix (velours, coton, etc.).

Rocking-chair rustique

Ce petit rocking-chair nécessite pour sa fabrication 35 pièces entières et deux pièces de bois rapportées.

La première opération est le montage des quatre montants verticaux assemblés, plat sur plat droits, dont deux se continuent par une pièce assemblée pan sur pan (inversée).

Reliez les montants de devant par deux traverses collées sur les reliefs des premiers entre le creux du fil et celui du ressort.

Répétez l'opération avec les montants de derrière. Faites bien attention d'orienter le plat des pièces supérieures vers l'arrière avant de coller les cinq pièces du fond de chaise, orientées le plat vers le haut et alignées derrière sur l'axe du grand montant.

Laissez-les dépasser devant sur une distance de 2 mm au-delà de la traverse. Effectuez de préférence cet assemblage après avoir déterminé l'espace compris entre les deux creux de ressort recevant les pieds. Assemblez, pour chaque côté : deux pièces, plat sur plat (droites) auxquelles vous en adjoignez une 3e, plat sur pan, elle-même assemblée à une 4e pièce, plat sur plat (en ligne), le décalage étant de 30 mm.

Découpez ensuite une plaque de bois comportant un grand arrondi et collez-la sur la face intérieure des deux modules latéraux pour garantir un bon effet de bascule.

Collez les cinq pièces du fond de chaise en réglant la verticalité des montants par rapport à l'horizontalité des extrémités du cadre, puis les pieds sur les modules latéraux en plaçant les chants dans le même plan.

Placez sur les montants deux pièces de chaque côté (par le plat), et reliez les montants de derrière par un module de deux pièces, chant sur chant, assemblées par les plats.

Il ne vous reste plus qu'à coller les quatre traverses inférieures qui serviront à équilibrer l'arrière et l'avant pour que le rocking-chair soit bien vertical.

1

1. 2. et 3. Premier modèle. — 4. et 6. Deuxième modèle. — 5. et 7. Troisième modèle.

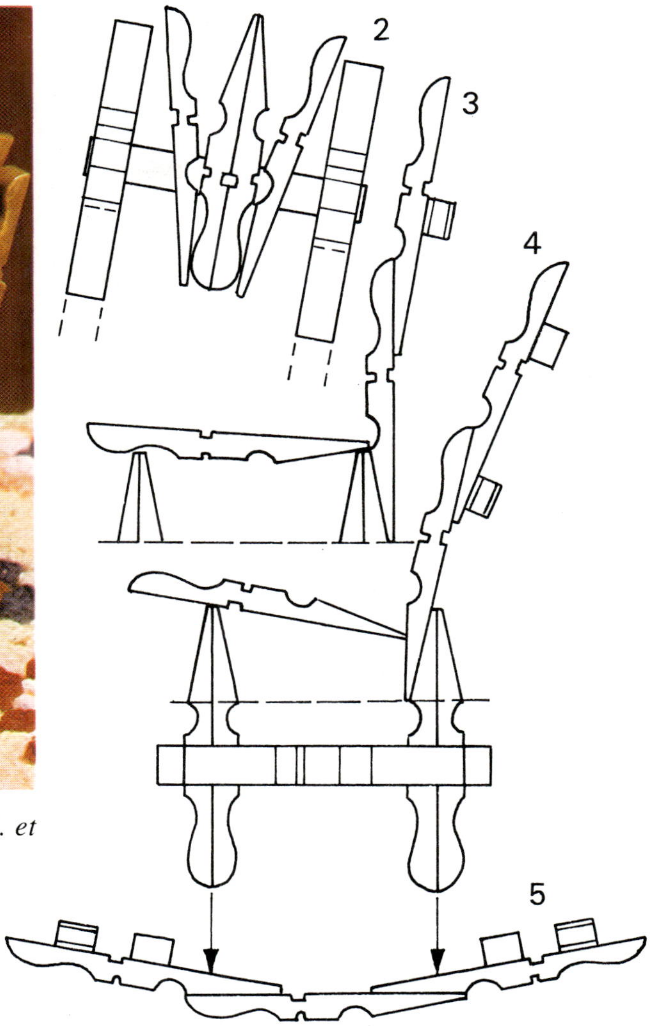

6

Variations autour d'un profil

Les modèles présentés découlent d'un même profil élémentaire autour duquel trois variations ont pu être élaborées. En plus de l'intérêt plastique de la démarche, une telle entreprise montre avant tout le côté évolutif et la souplesse d'une technique maintenant éprouvée. Nous n'en voulons pour exemple que la diversité des prolongements qu'offre tout assemblage par le biais de ses combinaisons; il en résulte qu'à chaque stade d'une construction (ici nous parlerons des sièges d'intérieur), vous avez entière liberté de faire évoluer, comme bon vous semble, votre travail vers un nouvel objectif et d'en remettre à tout moment l'orientation en question. Ainsi, qui pourra dire la forme exacte qu'aura tel ou tel objet avant de le voir vraiment terminé ? L'étonnement bien souvent couronne agréablement l'issue de maints travaux.
Le premier modèle se compose de 26 pièces (modèle 74 × 9), le second de 22 et le troisième de 32. Toutes les pièces sont entières.

7

Les quatre éléments de base sont identiques dans les trois modèles, il s'agit de quatre modules de deux pièces assemblées, plat sur plat (droites). Ils sont reliés entre eux par des pièces assemblées par le plat entre le creux du fil des montants et le creux de leur ressort (les pièces latérales, sur les chants des montants; les pièces transversales sur leurs reliefs). Réglez le niveau des quatre pieds avant le séchage de la colle. On retrouvera aussi cette disposition dans les deux autres modèles. A partir de ce moment, la progression du montage des deux petites chaises (fig. 1) prend une autre tournure que celle du rocking-chair et du petit fauteuil.
Le dossier est supporté par deux montants solidaires des pieds de derrière; pour les confectionner, rapportez deux modules, plat sur pan (en lignes) et assemblez-les aux pieds par les pans (inversés) en dirigeant leur plat vers l'arrière.
Reliez les deux montants du dossier par une pièce assemblée par les plats, collez dessus un module, plat sur plat (droit) puis, de chaque côté, deux pièces symétriques collées sur chants à la traverse et par les branches (pointes en bas) du module axial. Il ne vous reste plus qu'à rajouter sur les pieds les sept pièces de fond de chaise assemblées par les chants, en les collant contre les montants de derrière.

Le petit fauteuil diffère du précédent modèle en ce sens que l'on a rajouté au cadre une pièce latérale intérieure, assemblée par le plat au même niveau que les autres traverses du cadre. Les montants du dossier ont les mêmes caractéristiques que leurs homologues; ils sont toutefois assemblés aux pieds, plat sur pan (par les branches), leur plat étant bien entendu dirigé vers l'arrière. Collez deux traverses au dossier en faisant reposer la plus basse sur les pieds de derrière.
Les bras du fauteuil sont constitués chacun d'une pièce assemblée à la branche de chaque montant de devant, par le plat, et au dossier, par l'extrémité des branches. Pour l'habillage, découpez deux petites plaques de bois fin, recouvrez-les de tissu et collez-les sur les traverses. Attention : découpez-les de façon qu'elles puissent s'inscrire dans les emplacements prévus.

Le rocking-chair est construit de la même façon que le modèle précédent mais son profil est modifié par l'adjonction du cadre inférieur servant à la bascule. En premier lieu, placez devant vous une pièce sur les reliefs, assemblez-y deux autres pièces, l'une plat sur pan (en ligne), l'autre par les branches (le pan de celle-ci sur le plat de la première). Confectionnez un autre module comme celui-ci, orientez-le dans le même sens, reliez-le au précédent par quatre traverses (deux à l'avant et deux à l'arrière), et placez la chaise sur les modules latéraux du cadre inférieur dernièrement constitué, ceci le plus verticalement possible.
Le plateau de la table est composé de 15 pièces assemblées, chant sur chant (inversées) et de deux grands bords réalisés avec quatre pièces en tout. Quatre modules, plat sur plat, font office de pied; ils sont fixés par les mâchoires dans les creux du linge de la bordure.

Les côtés de la valise sont réalisés entièrement par des assemblages chant sur chant (inversés), puis collés entre eux par les tranches, les chants et les plats.

La coloration de ce modèle est obtenue à l'aide d'un brou de noix.

Diable

Tous les bagages ne sont pas aussi légers que cette petite valise en pinces à linge, et il se peut que vous ayez déjà fait usage d'un diable, ce petit chariot à deux roues qui n'a de diable que le nom mais qui rend d'infinis services. Son armature est composée de quinze pièces toutes entières. Le plateau en comporte cinq, entières également; et la valise quatorze, entières, et quatre coupées. Ce qui donne un total de 38 pièces. Le type de pinces n'a pas une grande importance car les objets sont de petites dimensions.
Le point de départ sera le petit plateau à bagages recevant les six parties de l'armature : prenez cinq pièces et assemblez-les entre elles, chant sur chant (droites). Pour la fabrication des montants, assemblez 10 pièces, deux à deux, au moyen d'assemblages pan sur pan (inversés). Posez le plateau sur le plat et collez le plat des deux montants verticaux sur les chants des deux pièces latérales, ceci par les mâchoires. Rapportez alors les deux montants obliques que vous assemblez de la même façon sur les chants des pièces latérales mais au niveau du creux du fil. Faites-les reposer sur les montants verticaux en ajoutant un point de colle à l'endroit où les deux pièces sont en contact.
Poursuivez la construction du petit diable par les poignées : deux pièces assemblées par les branches à l'extrémité des montants réunis par une pièce transversale. Il ne vous reste plus qu'à placer le montant du milieu et les deux traverses obliques constituées chacune d'une pièce, et à rapporter deux petites roues en bois fixées sur les montants verticaux.

Balance romaine

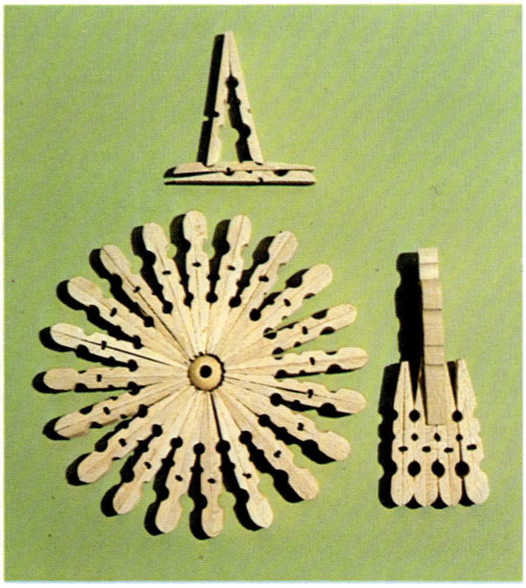

C'est un des appareils de pesage les plus anciens. La balance se compose de quatre parties : le bras de levier, le poids coulissant, le plateau et le contrepoids. Elle nécessite 80 pièces entières.

Le bras est composé de quatre rangées de pièces. Les deux du milieu sont assemblées, plat sur plat, décalées pour que l'ensemble soit plus robuste (excepté le modèle du bout). Les rangées inférieures et supérieures sont assemblées sur les précédentes par superposition.

Le contrepoids se divise en deux parties. La première est composée de deux pièces droites (sur les reliefs) recevant le bras de la balance par les branches.

A celles-ci sont collées deux autres pièces, plat sur plat droites, puis quatre par superposition (inversée). La deuxième partie est composée d'un module, plat sur plat (inversé), sur lequel sont superposées deux pièces inversées. Deux pièces latérales relient les deux parties du poids. L'ensemble est coiffé, pour finir, d'un module, pan sur pan (droit) assemblé par les mâchoires dans les creux du ressort et du linge de la pièce supérieure du contrepoids.

Le poids coulissant est constitué de huit pièces assemblées, plat sur plat (droites) et en plus par des reliefs de deux pièces latérales permettant de faire coulisser. Ces deux pièces latérales sont assemblées au poids, plat sur chant (par les branches) et reliées entre elles par deux pièces, plat sur plat (droites) coupées à 20 mm de l'extrémité des mâchoires.

La rosace est faite de 40 pièces conjuguées, assemblées plat sur plat (droites) et pan sur pan (droites) et réunies par une grosse perle de 18 mm de diamètre.

Articles de table

Cette petite série d'articles de table est basée sur le triangle. Elle aura un effet très heureux sur une table remplie de bonnes choses ! Le plateau à œufs est très pratique pour apporter les œufs chauds sur la table ; il se distingue donc et du coquetier et de la boîte à œufs servant au stockage. Les « ronds de serviette » peuvent difficilement être assimilés à de vrais ronds puisque ce sont des triangles, mais la langue française ne mettant pas de mot particulier à notre disposition pour désigner de tels objets, nous pourrions presque les appeler... « triangles de table ». Pour l'ensemble, il vous faudra 82 pièces entières.

Confectionnez d'abord douze modules de quatre pièces, chant sur chant (droites) ; assemblez-les par leur largeur de manière à former un triangle, vous n'avez plus qu'à laisser sécher et vos « ronds » sont finis.

Pour le petit panier à œufs, confectionnez une structure hexagonale avec ses rayons inversés dans leur sens et superposez trois pièces sur les six périphériques de manière à réaliser des assemblages, chant sur chant (droits), analogues à ceux des ronds de serviette. Le support central est la réunion de quatre pièces assemblées partiellement, plat sur chant (droites). Vous pouvez, pour finir, pyrograver votre panier et le vernir pour le protéger de l'eau.

Rangement à crayons

Le caractère à la fois abstrait et absolu des formes géométriques inspire une multitude d'applications différentes ; nous en avons un bon exemple avec le module triangulaire de la page précédente. Il est certain que l'on pourrait lui trouver beaucoup d'autres exemples d'applications.
Vous aurez besoin, pour ce rangement à crayons, de trois modules triangulaires de douze pièces, analogues aux précédents ; un quatrième (un des deux modules latéraux) ne comportera que deux pièces sur la 4e rangée pour pouvoir ranger les trombones : il nécessitera donc 10 pièces seulement.
Découpez un fond trapézoïdal de 75 × 75 × 75 × 150 mm sur lequel vous placez l'un des deux triangles latéraux de façon qu'il ne dépasse pas du fond. Collez ensuite les deux autres modules, chant sur chant (droits) et placez-les à leur tour sur les bords des deux premiers. Ramenez au besoin un petit panneau de quatre pièces dans le prolongement de la face postérieure.

Rangement à crayons et boîte de bureau.

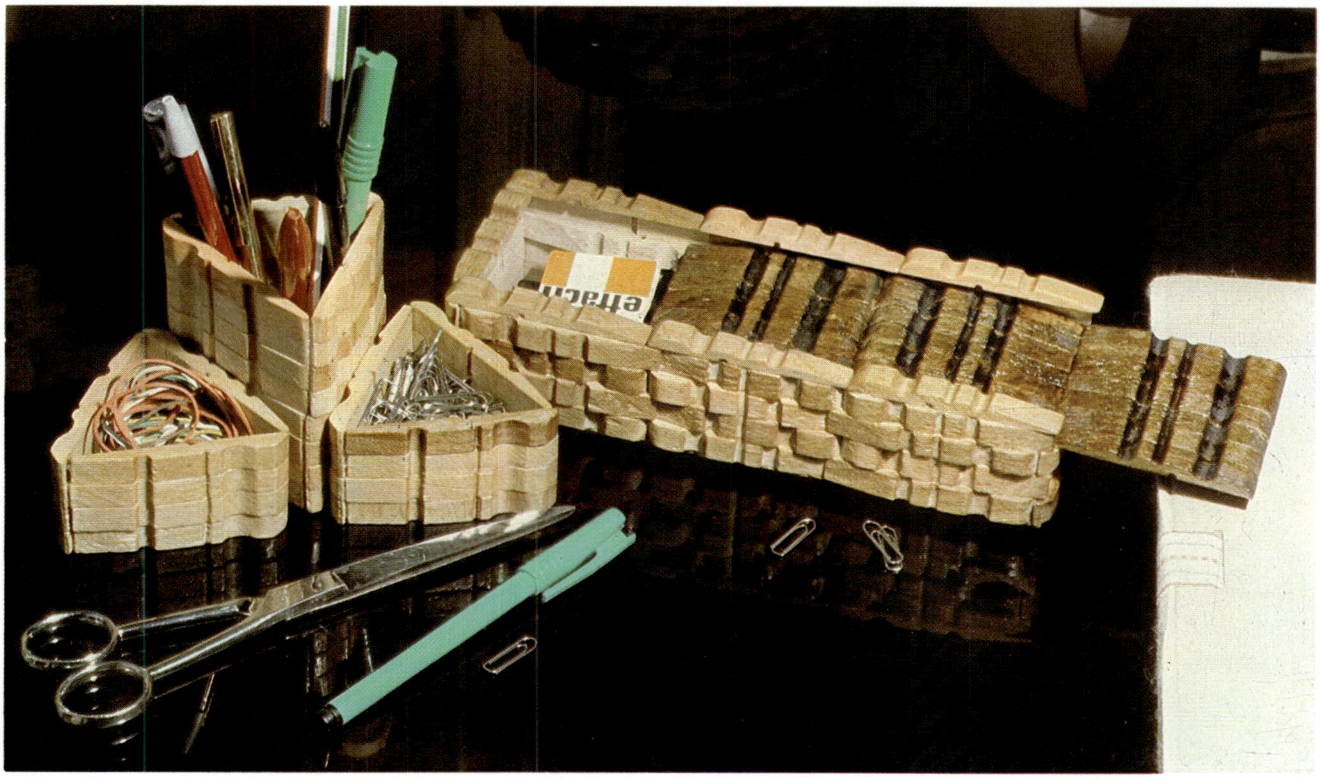

Deux phases du montage de la boîte de bureau figurant page 29.

Mini-jardinière

Voici une autre combinaison de ces modules triangulaires, parfaite pour placer des petites plantes d'appartement. Là aussi, la seule pièce rapportée est un fond en bois de 150 × 150 × 150 mm. Disposez les deux modules latéraux de la même façon que pour le rangement à crayons. Collez-en aussi deux l'un sur l'autre, puis placez-les à la troisième pointe du fond triangulaire. Décorez votre jardinière et vernissez-la.

Boîte de bureau

On pourra en faire un plumier ou tout autre coffret aux multiples usages. Quelle que soit sa destination, construisez-le en commençant par les côtés. Superposez pour cela quatre rangées inversées de trois pièces sur chants, dans la largeur et dans la longueur. Décalez alternativement les quatre rangées de 4 mm pour l'imbrication des côtés l'un dans l'autre.
Procédez ainsi pour le deuxième côté long puis pour le petit côté fermé. Le petit côté fermé n'est long que de la dimension d'une pièce, comme le côté ouvert qui comporte trois rangées au lieu de quatre pour pouvoir emboîter le couvercle.
Le fond et le couvercle doivent avoir le même nombre de pièces puisqu'ils ont la même dimension, seule varie leur

disposition respective. Le fond est constitué de sept modules de trois pièces, chant sur chant (droites), inversés alternativement. Le couvercle est constitué de trois modules de sept pièces, chant sur chant (droites) assemblées par les extrémités.
Disposez deux rangées de pièces alignées en guise de rail, sur la face intérieure des grands côtés à la hauteur de l'ouverture du petit côté.
Prenez soin de bien limer les bords du couvercle pour un meilleur fonctionnement. N'oubliez pas d'ajuster, pour finir, sur l'arête des trois bords fermés de la boîte une rangée de pièces assemblées, plat sur plat.

Bannette à courrier

On ne soupçonne pas le nombre de services que les objets les plus simples peuvent rendre, comme cette bannette à courrier constituée de 145 pièces. Le fond est réalisé au moyen d'assemblages, plat sur plat droits ; 56 modules sont ainsi formés, les mâchoires dans les creux de ressort, du moins pour ce qui concerne les six dernières rangées, les modules de la première étant assemblés par les mâchoires.
Effectuez l'opération sur une feuille quadrillée pour faire un montage bien droit. Confectionnez ensuite 11 modules de trois pièces droites sur chants et alignez-les sur trois côtés par les extrémités pour constituer les bouts.

Meubles en bois blanc

Confection de la literie.

Les six objets de cette nouvelle série de meubles en bois blanc ont été conçus et réalisés à partir d'un type d'assemblage fondamental; l'assemblage droit plat sur plat (et ses variantes).

Lit

Si ce petit lit est né de la combinaison de styles différents, il est d'une construction très élémentaire. Seulement deux de ses 76 pièces sont coupées. Fabriquez, pour commencer, le plateau recevant le matelas: assemblez 18 pièces chant sur chant (droites), répétez l'opération avec 18 autres pièces et collez ensuite les deux parties du fond entre elles par les extrémités des mâchoires de telle façon que les 18 pièces de chaque demi-plateau soient toutes assemblées l'une à l'autre et dans le même plan horizontal.

Prévoyez maintenant le même nombre de pièces pour le panneau de la tête du lit et le panneau du pied du lit (17 pièces, dont deux coupées par le milieu de manière que la partie enlevée soit équivalente à l'épaisseur du plateau). Assemblez-en 15, chant sur chant (droites), placez alors les quatre éléments intérieurs récupérés dans les pièces coupées, sur les deux pièces latérales du panneau en les assemblant, plat sur plat (droites), extrémités jointes.

Assemblez-en de nouveau 15 de la même façon mais en observant toutefois entre elles un décalage en longueur décroissant jusqu'à celles du milieu du panneau. Rajoutez deux

Montage du lit.

Élaboration du corps principal de l'horloge.

pièces, plat sur plat (droites) sur chacune des deux pièces latérales du panneau.

Fixez les deux panneaux sur le plateau du lit en faisant attention d'orienter ce dernier les plats vers le haut.

Placez, pour finir, les deux bordures latérales constituées chacune de trois pièces assemblées entre elles par le chanfrein d'une part, et pan sur pan d'autre part.

Table

Rien ne s'oppose à la construction de cette table en bois naturel et vous la réaliserez avec beaucoup de facilité. On y retrouve le module droit, plat sur plat, pour les pieds, et l'assemblage chant sur chant, pour le plateau de la table. Ce modèle comporte 38 pièces entières.

Pour commencer, assemblez 30 pièces, deux à deux, pan sur plat à la hauteur du creux du ressort, puis empilez-les sur le chant au fur et à mesure. Collez pour finir les quatre pieds par emboîtement des mâchoires de leurs pièces dans le creux du linge de celles constituant le plateau ; l'opération est possible avec le modèle de pince (75 × 10). Observez une légère inclinaison des pieds dans le plan déterminé par le petit espacement entre eux, pour contrebalancer celle des deux plans du plateau, du point de vue linéaire. Pyrogravez de préférence les motifs en même temps que ceux des autres modèles pour garder la même main.

Banc

Ses proportions ont été établies en fonction des dimensions de la table (la hauteur en particulier). Il nécessite huit pièces entières pour la planchette et la traverse, et quatre pièces réduites pour les pieds.

Utilisez pour la planchette l'assemblage chant sur chant (droit) appliqué à deux modules de trois pièces que vous joignez par l'extrémité des mâchoires. Procédez en plaçant les deux modules sur un plan plat pour être sûr qu'ils soient bien dans l'alignement l'un de l'autre. Assemblez ensuite les deux pièces de la traverse, pan sur pan (inversées) en faisant attention de bien placer leur section dans le même prolongement. Coupez alors quatre pièces à 43 mm du bout de leur mâchoire et assemblez-les partiellement, chant sur chant, à la traverse dans un plan perpendiculaire en préservant 90 mm d'écartement dans la longueur (écartement correspondant à celui des creux de ressort des deux modules de la planche). Attention : la face supérieure de la traverse doit être placée à 20 mm du sol. Vous n'avez plus qu'à coller pour finir les pieds de la planchette par emboîtement de l'extrémité des uns dans les creux de ressort des autres.

Horloge

Cette petite horloge campagnarde comporte trois parties : le corps, l'embase et la tête (dans l'ordre de montage). Vous les fabriquerez séparément, puis vous les assemblerez l'une à l'autre après les avoir soigneusement ajustées.

Le corps nécessite 49 pièces; 14 sont réduites à la scie à découper. Mais votre première tâche sera de confectionner six modules, chant sur chant (droits): deux de cinq pièces pour le panneau de derrière, et quatre de quatre pièces pour les côtés. Assemblez-les deux à deux par l'extrémité des mâchoires en même temps que vous les fixez aux contreforts de façon qu'ils aient les arêtes intérieures communes. Employez, pour les contreforts intérieurs, une pièce entière fixée par le plat au panneau de derrière de telle sorte qu'une moitié soit rattachée aux modules du haut et une autre au module du bas. Ajoutez à cela deux branches pour les jointures latérales placées, pointe en haut, sur les contreforts.
Pour les deux panneaux de la face antérieure situés au-dessus et au-dessous de la porte, coupez cinq pièces à 34 mm du bout de leur branche et cinq à 40 mm. Assemblez ces deux séries de pièces, chant sur chant (droites) indépendamment l'une de l'autre. Montez-les sur le coffrage principal à l'aide de petites traverses de 46 mm (largeur intérieure) taillées dans des branches de pièces, ceci en vous aidant de petits contreforts intérieurs placés dans les arêtes. N'oubliez pas de pratiquer dans la plus grande épaisseur de chacune un petit trou situé à 5 mm de l'extrémité pour permettre l'articulation de la porte. Faites en sorte que les deux trous soient placés l'un en face de l'autre. Le bord le plus fin des panneaux est aligné avec ceux des autres côtés.
Collez maintenant cinq pièces, chant sur chant (droites), une sur deux vers l'extérieur de manière à pouvoir ouvrir la porte et placez le système de pivot dans l'axe des trous en positionnant la porte dans son ouverture. Rajoutez une petite butée sur le côté opposé à la charnière.
L'embase ne comporte que des pièces coupées; en réalité, il s'agit de morceaux récupérés dans les précédentes opérations de sciage (donc pas de pertes inutiles). Choisissez, pour les pieds, quatre morceaux de 39 mm correspondant aux mâchoires. Reliez-les par des pièces de traverse, une derrière (41 mm, l'équivalent de quatre largeurs de pinces avec le jeu) et deux sur les côtés, plats apparents (longueur: 26 mm). Réunissez les deux pieds de devant par cinq morceaux de 18 mm coupés au même niveau supérieur. Complétez le derrière des pieds antérieurs par deux pièces assemblées, plat sur plat (droites).
Confectionnez quatre modules de deux pièces assemblées, plat sur plat (hauteur: 46 mm), reliez-les par quatre panneaux de quatre pièces sur chant (plat apparent). Leur longueur est de 45 mm pour les deux grandes faces et de 27 mm pour les côtés. Le panneau frontal sur lequel est pyrogravé le cadran est imbriqué dans les deux côtés, les deux modules de devant étant rapportés sur leur plat aux angles et eux-mêmes reliés par le plat d'une pièce de 49 mm (rainure dans l'axe). Par contre les deux modules postérieurs constituent eux-mêmes les angles de derrière.
La dernière opération sera le montage du toit fait de six branches identiques sur chant (droites) de 29 mm de long assemblées trois à trois par la coupe, de manière à retrouver l'inclination des deux pans obliques. Échancrez enfin les angles de derrière pour pouvoir l'emboîter sur la tête.

Réalisation du piètement et de l'étage supérieur de l'horloge.

Articulation de la porte.

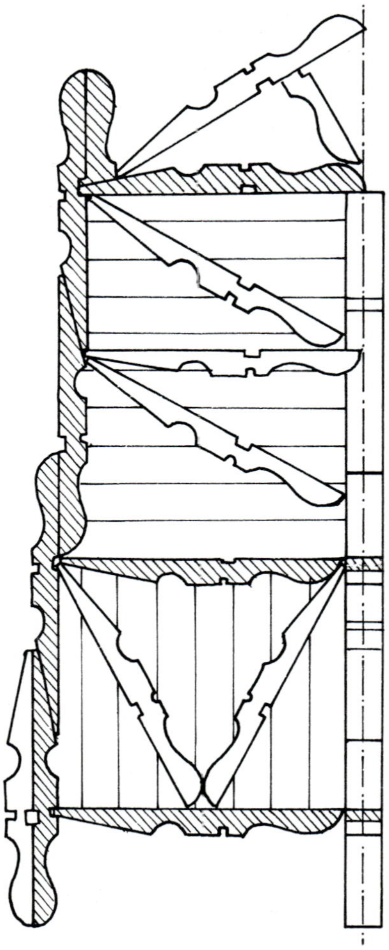

Demi-vue de face, coupe au 4e longeron (éch. 1/2).

Buffet

Procurez-vous environ 160 pièces (modèle 75 × 10); assemblez-en huit, chant sur chant (droites), puis huit autres indépendamment des premières. Préparez ainsi deux autres modules de huit pièces. Assemblez deux de ces modules par les mâchoires sur une pièce entière axiale.

Collez perpendiculairement les deux autres modules de huit pièces aux deux bouts de l'étage moyen (plat dessus) par emboîtement de ses branches dans les creux des pattes de ressort des deux modules. Collez ensuite une pièce perpendiculairement dans le décrochement déterminé par la pièce transversale du milieu de l'étage moyen, de façon que cette nouvelle pièce soit placée à fleur de bord.

Confectionnez à présent quatre montants réalisés par un assemblage, pan sur pan, puis par emboîtements des branches dans le creux des pattes, assemblez-les au toit (constitué de deux modules de cinq pièces, chant sur chant, assemblés par les mâchoires). Fixez ensuite l'ensemble en plaçant les montants sur l'étage moyen et en collant (plat sur plat par les mâchoires) aux 1re et 5e pièces des modules latéraux, en partant du fond. Prolongez ensuite le montant central d'une pièce (plat apparent) reliant ainsi l'étage moyen au toit et complétez la partie dépassante des quatre montants en adjoignant à chacun une pièce coupée (plat sur plat, droite) sur la face interne. Confectionnez une petite ferme au moyen de deux pièces entières et deux pièces coupées, placez-la dans le même plan que les montants de derrière.

Ajoutez une petite étagère composée de deux modules, assemblés par les mâchoires, constitués chacun de trois pièces (chant sur chant, droites); en même temps, placez les deux petits panneaux latéraux (trois pièces sur chant droites) et les bouts de l'étagère dans le creux des pattes de ressort. Assemblez maintenant deux fois dix pièces (chant sur chant, droites) pour constituer les deux panneaux du fond, assemblez ces derniers par le plat de l'armature en vous aidant de quatre petites contrefiches diagonales.

Garnissez la face intérieure de la 8e pièce des deux côtés au moyen d'une mâchoire de pièce assemblés, plat sur plat, et prolongez les côtés avec deux nouvelles rangées de pièces assemblées entre elles, chant sur chant (droites) et aux premières, pan sur pan (inversées). Rajoutez pour distinguer les pieds des panneaux inférieurs quatre pièces (plat sur plat, droites) sur les 1re et 8e pièces dans deux nouveaux prolongements. Assemblez maintenant deux fois dix pièces (chant sur chant, droites) pour fabriquer les deux panneaux de l'étage inférieur. Fixez-les sur une traverse axiale de la même façon que pour l'étage moyen et emboîtez l'ensemble dans le creux des pattes de ressort des panneaux latéraux.
Prolongez le montant axial d'une pièce de telle façon que sa mâchoire touche le sol (reliefs apparents) et constitue en quelque sorte un 5e pied auquel vous adjoignez par le plat une pièce intérieure coupée.
Garnissez maintenant le fond du buffet en plaçant deux panneaux de huit pièces, chant sur chant, droites et verticales, contrairement aux panneaux du dessus, en vous aidant de quatre contrefiches intérieures en chevrons.
Terminez votre buffet par les battants des deux portes comprenant sept pièces (chant sur chant, droites) et articulées (côté mâchoire) par une bande de tarlatane collée ; n'oubliez pas le meneau axial séparant les deux portes.

Coffre

Ce coffre se compose de deux parties indépendantes : le couvercle, fait de deux modules de six pièces, chant sur chant (droites), assemblés par les branches et renforcés à la jointure par deux branches sur plat ; et le corps principal constitué de six modules de pièces, chant sur chant (droites), tous plat intérieur, assemblés au milieu par les branches et sur les grands côtés, plat sur chant. Les petits côtés sont réalisés chacun au moyen de quatre branches de 28 mm (hauteur intérieure), quatre modules plats sur plat droits constitués de mâchoires (hauteur : 21 mm) forment les pieds du coffre ; deux pièces de calage (37 mm) sont rajoutées au couvercle.

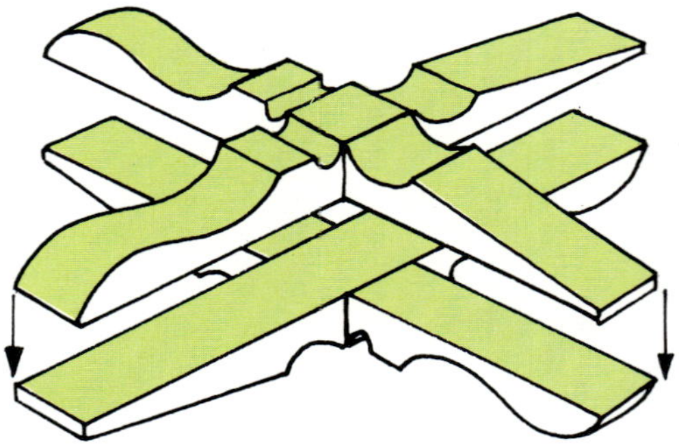

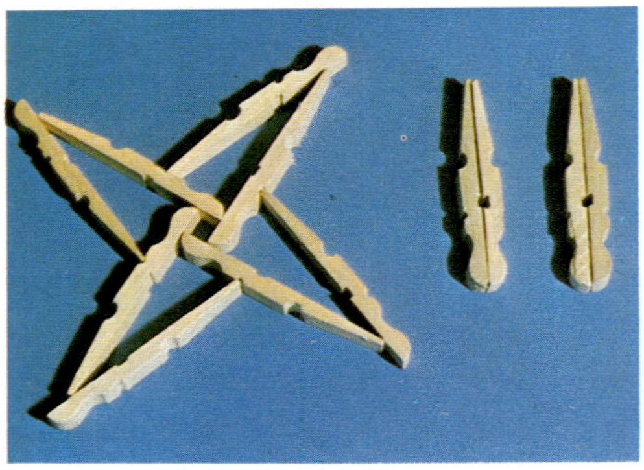

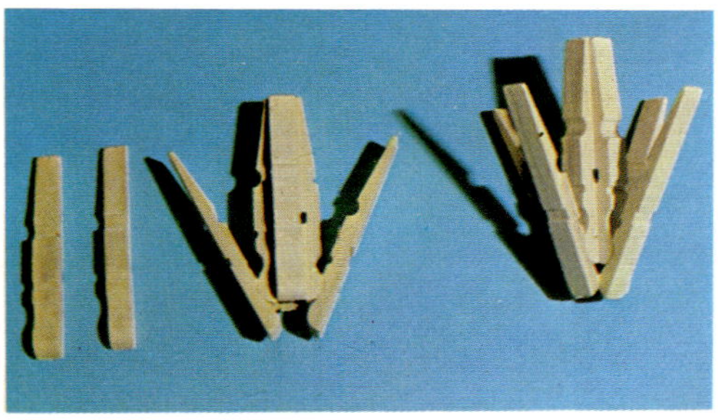

Mobile

Ce mobile, digne des plus originaux, est composé de deux éléments axiaux (la ferme et le lanternon) et de quatre petites structures suspendues aux quatre branches de la ferme.

Pour construire la ferme, 24 pièces sont nécessaires. Confectionnez deux modules de deux pièces, plat sur plat (droites) assemblés en ligne par les mâchoires coupées perpendiculairement à 4 mm environ de leur extrémité. Collez ensuite quatre pièces dans le plan médian sur chaque côté de l'élément axial et dans le même sens. Reliez ces quatre pièces (toujours dans le même plan) de façon que les branches soient emboîtées dans le creux du fil des précédentes ; prolongez-les d'une pièce, plat sur plat (par les mâchoires). Rapportez huit pièces en diagonale dans le même plan que les quatre premières, en plaçant un coin de leur branche à l'extrémité de celle-ci.

Le lanternon est construit autour d'une petite structure croisée (fig. 1) aux extrémités de laquelle reposent huit pièces par les branches en deux points convergentes et réunies par les tranches. Ensuite, placez une pièce dans l'espace formé par les quatre pièces supérieures. Donnez pour finir un coup de scie perpendiculaire dans la pièce inférieure de la ferme et dans la pièce supérieure du lanternon.

Les structures suspendues sont réalisées toutes les quatre de la même façon. Assemblez pour commencer quatre pièces par les arêtes (droites) et quatre autres par emboîtements des mâchoires des premières dans le creux du linge des secondes de manière à former un angle d'environ 28°. Rajoutez une pièce axiale (pas nécessairement collée) dans laquelle vous donnez un coup de scie, comme pour les branches de la ferme, afin de pouvoir accrocher un fil noir.

Plateau à condiments

La construction des trois récipients à condiments est basée sur un assemblage par les arêtes sur toute la longueur des pièces. Dans le cas présent, la forme qui a permis de réaliser l'assemblage fait partie intégrante du modèle; cela veut dire que les pièces sont non seulement collées entre elles mais sur la forme en question. Toutes sortes de boîtes peuvent être utilisées comme forme de base (boîtes de pastilles, de bonbons, de pellicules photo, de cachets anti-névralgiques, etc.), le tout est de pouvoir percer des trous dans la capsule hermétique des boîtes. Évidemment, le nombre de pièces est fonction sinon du diamètre du moins du périmètre de la surface couverte. Arrangez-vous pour que la mesure indiquée soit un multiple de la largeur de la pince utilisée; prévoyez aussi un léger jeu de sécurité.
Le plateau lui-même est d'une construction très simple, c'est le résultat de la conjugaison judicieuse de cinq types d'assemblages; les assemblages droits, plat sur plat et par les reliefs, l'assemblage plat sur plat (par les mâchoires), l'assemblage plat sur plat en ligne et l'assemblage par superposition, plat sur relief. Ils forment avec leurs représentants deux rangées inversées montées sur chant et alignées.
Les anses sont issues de la superposition de modules plat sur plat (cinq modules de deux pièces) collés dans le même sens sur chaque côté du plateau. On leur adjoint un autre module droit, plat sur plat, collé par les reliefs au module supérieur et vers l'extérieur du plateau.

Percement de la capsule à la pointe chaude.

Applique

Plus que pour tout autre modèle, la régularité des pièces est ici capitale, tout comme l'ordre de montage des 140 pièces de cette applique décorative en forme de poule faisane.
Confectionnez dans un premier temps une structure de 23 pièces assemblées, plat sur plat, en éventail, en décalant sensiblement et progressivement les pièces latérales. Posez-la à plat sur votre table et rapportez-lui verticalement une autre série de 11 pièces (par les branches) en les disposant en arc de cercle et alignées dans le secteur déterminé par la première série (fig. 1) de façon à constituer une sorte de tonnelle. Placez ensuite neuf pièces assemblées par les arêtes sur la face interne de la précédente structure, en observant un décalage de 7 mm de pièce en pièce dans la longueur et à partir de la pièce du milieu.

Confectionnez à présent le cou et la tête de l'animal avec une série de pièces assemblées d'un côté à l'autre du plan axial, plat sur pan (par les mâchoires), de nouveau plat sur pan, pan sur plat et reliefs sur plat, plat sur plat inversé, reliefs sur reliefs, et pour finir, plat sur plat, de manière à former une figure à côtés convergents terminée par un appendice saillant. Ajoutez à cela six pièces latérales et assemblez-les par les plats à raison de trois par côté.
Collez l'ensemble sur la première partie du modèle dans l'axe de celui-ci, puis rapportez à la jonction des deux pièces une sorte de collerette composée de 11 pièces disposées en rayons convergeant vers le cou. Trois des 11 pièces sont coupées en biseau ; la pièce axiale, sur deux côtés, et les deux contraxiales sur un côté (ces dernières ont leur branche coupée à 15 mm de l'extrémité, tout comme les deux pièces qui leur sont juxtaposées latéralement).

1

2

Les deux ailes se construisent de la même façon, aussi ne parlerons-nous que d'une seule. Rapportez pour ce faire, à partir de la pièce extrême de la tonnelle, une rangée de dix pièces entières assemblées par superposition partielle en ménageant un décalage progressif dans la longueur, les tranches des pièces se situant toutes sur le plan d'applique ; complétez cette rangée d'une pièce coupée à 34 mm pour assurer le prolongement de la rangée dans le 2e niveau de la tonnelle. Ramenez une 2e rangée de neuf pièces de la même façon et posez-les sur le 2e niveau, puis une 3e rangée de dix pièces situées au 3e niveau. Fermez la forme avec une 4e rangée n'outrepassant pas l'éventail et nécessairement composée de pièces coupées à des degrés successifs.

Collez enfin cinq branches sur les mâchoires du module dépassant du cou dans sa partie supérieure (fig. 5) ainsi que deux petites pièces latérales symbolisant les yeux. N'oubliez pas de rapporter une pièce coupée à 42 mm du bout de la branche à la hauteur du bec et sur un plan horizontal, en même temps qu'une pièce entière placée debout dans l'axe du cou.

3

Fabrication de l'applique : 1. Corps central et queue. — 2. Cou. — 3. Ailes (1re rangée). — 4. Ailes (2e rangée). — 5. Tête. — 6. Ailes (3e rangée). — 7. Montage de la douille.

5

6

4

7

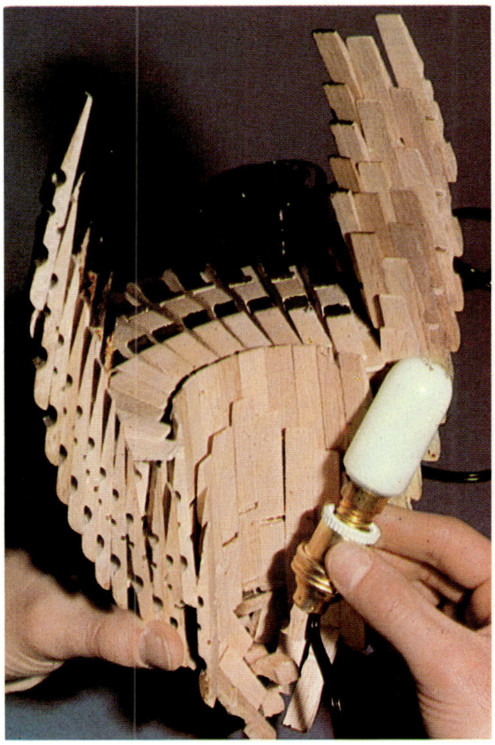

Bus londonien

C'est la réplique « pinces à linge » de ces fameux autobus à impériale qui sillonnent depuis des années le cœur de Londres et de nombreuses villes d'outre-Manche.

La construction commence par la réalisation du plancher de l'étage supérieur ; l'assemblage utilisé ici est l'assemblage en « parquet » avec un décalage de 40 mm et étendu à sept rangées de pièces (73 × 10), longueur totale : 290 mm. Confectionnez maintenant les cloisons latérales en superposant trois rangées verticalement selon le même assemblage. Placez ensuite à l'arrière de l'étage deux montants de coins (reliefs vers l'extérieur) sur une pièce traversière dépassant en dessous du niveau supérieur, et sept pans coupés, chant sur chant (droits) à l'avant de l'impériale, la hauteur de cette cloison étant la même que celle des flancs.
Rapportez alors sur les cloisons huit branches coupées de 40 mm de long, coupe sur chant et reliefs dehors, trois d'entre elles sur chaque côté et deux au bord de la face avant ; puis reliez les montants latéraux par des pièces entières, (branches vers l'avant et chant dehors), en même temps que vous placez la traverse de devant, plat apparent, (écartement 50 mm), et la traverse de derrière à 45°.
Pour finir l'étage supérieur, construisez le toit avec un assemblage en « parquet », comme pour le plancher de l'impériale mais avec six rangées seulement, et placez-le sur l'armature, reliefs apparents.

1. 2. et 3. Construction de l'étage inférieur.

3

1

2

La réalisation du niveau inférieur commence par la confection du plancher; pour ce faire, alignez trois rangées de pièces en « parquet » sur une longueur équivalente à quatre pinces. Rajoutez de chaque côté deux modules de deux pièces, chant sur chant (droites), assemblez-les de la même façon aux premières pièces du plancher axial (pointes vers l'arrière); répétez l'opération 55 mm plus loin dans la longueur de ce dernier en ménageant l'espace suffisant pour loger les roues arrières. Puis prolongez les derniers modules par deux nouveaux modules de 33 mm. Arrêtez l'avant, pour finir, avec une pièce traversière symbolisant le pare-choc.
Puis confectionnez les garde-roues au moyen de petits modules de deux pièces; il vous en faut trois pour l'arrière (deux avec des pans coupés dans la partie oblique et un avec des mâchoires dans la partie horizontale) et deux à l'avant avec des pans coupés également; placez-les dans les décrochements du plancher prévus à cet effet.

Il vous faut à présent confectionner le moteur, qui est en fait une sorte de parallélépipède. Collez dans ce but quatre pièces sur chant, coupées à 50 mm de l'extrémité des mâchoires, et placez-les au niveau du décrochement avant, de préférence avant la pose des gardes-roues de devant. Assemblez ensuite trois pans coupés, sur chant, et collez-les verticalement à l'avant du moteur; rajoutez-en un quatrième en travers pour compléter la face antérieure. Pour faire le dessus du moteur, assemblez dix pans coupés, chant sur chant et coupe sur coupe à raison de cinq de chaque côté de l'axe. Rapportez alors le panneau sur les trois parois du moteur.

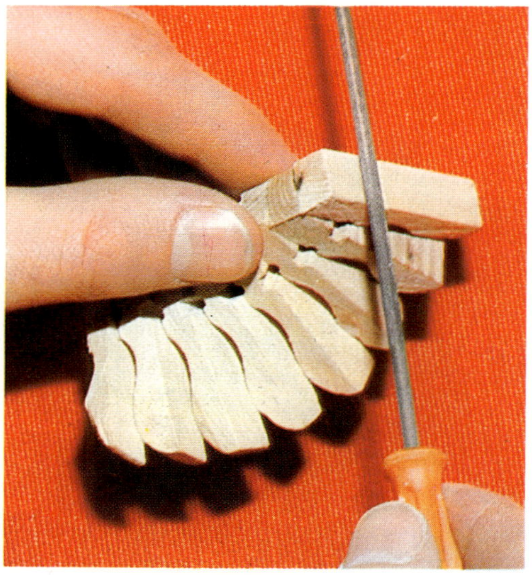
6

7

4

5
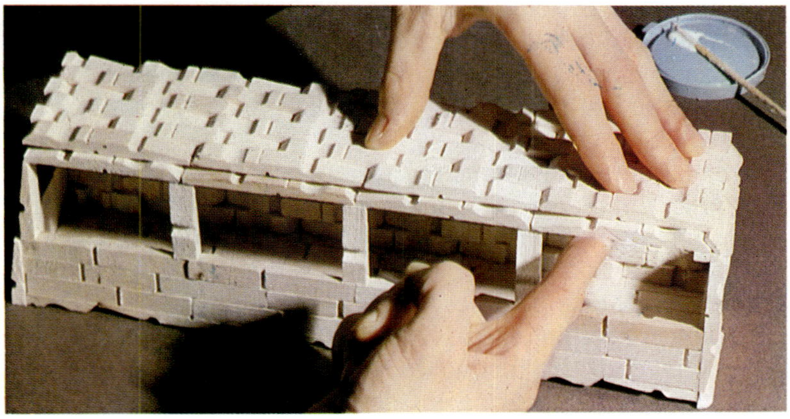

4. et 5. Construction de l'étage supérieur. — 6. Confection de l'escalier. — 7. Mise en couleur. — 8. Pose des roues.

8

Vue arrière. Coupe transversale au niveau de la cabine (éch. : 1/2).

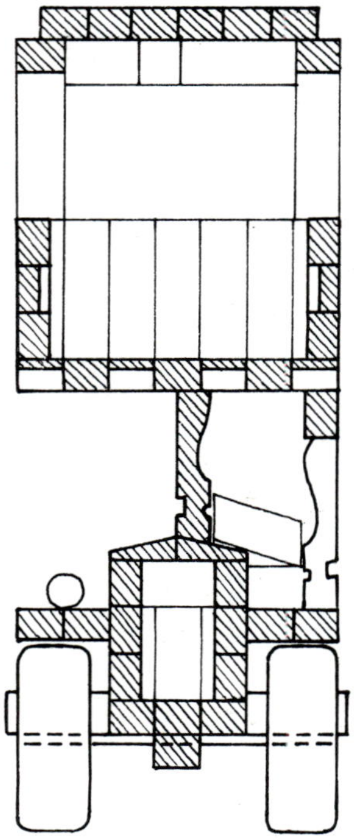

Poursuivez votre construction en effectuant les cloisons de l'étage inférieur au moyen de trois rangées horizontales de pièces ajustées entre les pans obliques des garde-roues. Prévoyez à l'arrière, pour la porte, une ouverture de 40 mm sur le grand côté gauche et 10 mm sur le panneau arrière.
Rapportez une branche de 35 mm sur le garde-roue avant, ainsi que six montants récupérés dans les mâchoires et disposés de cette façon : deux sur le moteur, un dans le coin droit de la cabine, deux (jumelés) dans le coin arrière et un plus petit à mi-chemin entre ces trois montants. Complétez par une pièce traversière de 35 mm sur la paroi de droite, une pièce trapézoïdale, entre les deux montants du devant, une pièce de 11 × 10 mm, que vous placez sous cette dernière, et enfin une branche de 24 mm sur le moteur entre les deux montants.
Placez les autres montants et les éléments de liaison (hauteur : 40 mm), complétez le panneau de derrière au moyen d'une pièce entière et cinq pans coupés à 35 mm (pointe en bas) et de deux autres pans coupés (24 mm) sur les deux montants de derrière, en guise de cales, pour l'étage supérieur.
Il ne vous reste plus qu'à placer les roues (diamètre 45 mm), découpées dans une plaque de bois de 15 mm, et l'escalier en rond constitué de huit pièces de 40 mm.

Tour Eiffel

Le point de départ de la construction de cette petite tour Eiffel est le premier étage : il se présente sous la forme d'un cadre carré composé de huit pièces assemblées deux à deux par superposition (droites) et chant sur pointe. Assemblez ensuite à chaque coin, par les branches, un module de deux pièces plat sur chant (partiel) sur toute la longueur des pièces, en décalant légèrement les pieds ainsi constitués, vers l'extérieur dans l'axe des diagonales. Rajoutez une pièce, par le plat, sur la tranche des deux pièces constituant les pieds ainsi que quatre pièces périphériques sur les quatre côtés du cadre pour consolider l'assemblage.
Confectionnez maintenant le cadre carré du 2e étage avec quatre pièces coupées à 53 mm de l'extrémité des mâchoires et assemblées par emboîtement des mâchoires dans les creux de ressort; reliez-le dans un second temps au premier étage au moyen de quatre nouvelles pièces (branches en haut) situées dans le prolongement des pieds.
Poursuivez en confectionnant quatre modules de deux pièces assemblées par le chanfrein, s'il s'agit de pinces comportant un chanfrein. Adjoignez-leur une autre pièce assemblée pan sur pan (droite), et placez les modules par cette pièce dans le prolongement de la structure montante de telle sorte qu'ils se rejoignent plat sur chant dans la partie supérieure.
Rajoutez quatre montants médians constitués chacun de deux pièces plat sur pan (par les branches). Terminez la structure par quatre pans coupés récupérés dans les chutes des pièces du deuxième étage; assemblez-les, chant sur plat, en carré, et coiffez l'ensemble d'un cinquième pan coupé collé verticalement.

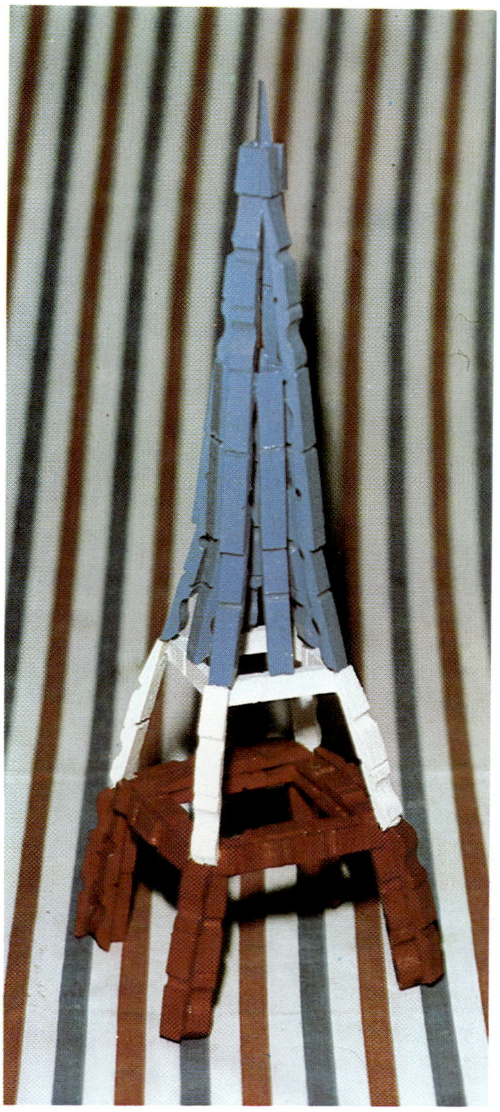

1

2

1. Pose des 4 pans coupés. — 2. Pose des montants médians.

Meubles de jardin

Les lattes de traverses et de fonds de sièges sont récupérées sur des cageots.

Cette nouvelle série s'inscrit dans la longue tradition des meubles d'extérieur ou de jardin, aussi y trouve-t-on le souci des proportions à la mesure d'une élégance toute saisonnière.

Fauteuils

Les trois fauteuils de jardin présentés sur ces deux pages sont construits à partir du même profil; deux sont parfaitement identiques (les deux monoplaces nécessitent 17 demi-pinces); le troisième fauteuil a une assise plus grande, mais sa configuration est voisine de celle des deux premiers. Nous nous attarderons d'abord sur la plus simple.

Pour commencer, confectionnez quatre modules de deux pièces, plat sur plat (droites). Reliez-les deux à deux au moyen d'une pièce emboîtée dans les creux de ressort et en leur donnant une petite inclinaison; effectuez cette opération en plaçant les mâchoires vers le bas, à plat et sur chant, comme la plupart des assemblages sur même plan, quand la structure le permet. Prolongez les montants de derrière d'une pièce, assemblez-les, plat sur pan (reliefs à l'intérieur), puis placez les bras, reliefs apparents, de façon que les branches soient emboîtées dans les creux de ressort des montants de derrière, et les branches des montants de devant emboîtées dans des creux pratiqués sur le plat des bras à 5 mm des extrémités des mâchoires. Opérez si possible ces différents assemblages au même moment et réalisez de préférence les six profils en même temps pour pouvoir mieux les identifier.

Les opérations suivantes consistent à placer les trois traverses; utilisez pour cela des petites lattes de bois de même longueur. Placez-en une de manière à relier les montants de devant à la hauteur du creux du fil, procédez de la même façon avec les montants de derrière, en rajoutant une autre traverse à la hauteur du creux des pattes de ressort.

Pour finir, posez régulièrement les cinq lattes de fond de siège sur les deux pièces de liaisons inférieures, puis les trois pièces supplémentaires pour le dossier de façon que les espaces soient identiques et que les pièces soient situées au même niveau, et dans le même sens que la pièce supérieure des montants de derrière.

Le grand fauteuil comporte un plus grand nombre de pièces verticales au dossier (sept pièces intermédiaires, au lieu de trois). Leur espacement est cependant le même que celui des deux fauteuils à une place, il détermine la longueur des cinq lattes de fond de siège ainsi que les trois traverses.

Table

Son plateau est construit à partir de deux types d'assemblages conjugués : l'assemblage plat sur plat, droit, et l'assemblage pan sur pan, droit. Ils sont appliqués à 30 pièces (75 × 9) entières. Une fois formé, fixez le plateau à un petit piètement en bois tourné, terminé par deux petites plaques de jonction découpées. Pour finir, peignez les quatre éléments avec des couleurs à l'huile ou avec de la gouache, et vernissez.

Les décors sont réalisés en papier collé sur un support (carton ou bois) et découpés à la scie.

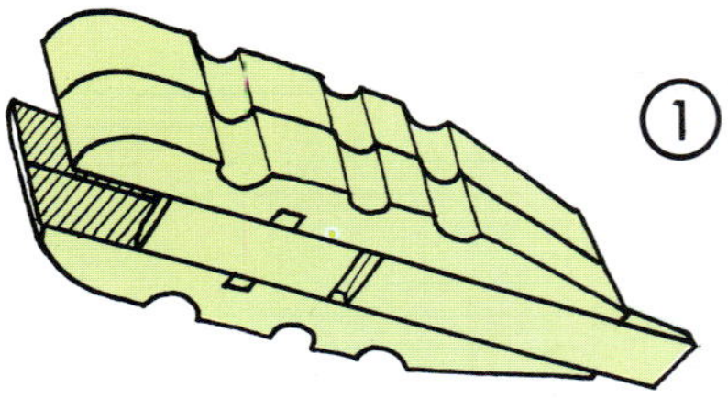

①

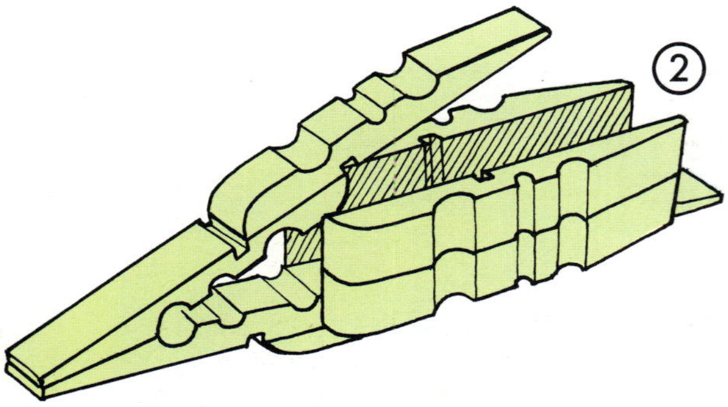

②

Oiseau

N'est-ce pas au miracle des pinces à linge que nous devons cet extraordinaire spécimen sorti tout droit de l'imaginaire? Pourtant rien de vraiment compliqué dans sa conception et dans l'élaboration de ses structures; au contraire, c'est avec un peu de hasard et beaucoup d'humour qu'elles ont pris forme peu à peu, ce qui a valu à notre volatile de participer à la fois des grands oiseaux de l'étrange et des aérodynes les plus étonnants, si l'on regarde les ailes et les attaches. Quoi qu'il en soit, nous pensons que vous construirez avec beaucoup de plaisir cet oiseau d'un autre monde en le persrisonnalisant avec une pointe de fantaisie; le modèle présenté dans ces pages n'est qu'une suggestion, bien entendu, vous n'êtes pas obligé de le reproduire tel que. Apportez-lui toutes les modifications que vous trouverez bon d'effectuer le cas échéant. Néanmoins, tenez-vous en à l'ordre de montage préconisé et aux indications concernant les opérations successives de collage. Il est important de noter que les ailes sont réalisées indépendamment de la tête, du corps et de la queue de l'oiseau, ces trois éléments faisant partie d'une construction longitudinale parfaitement symétrique dont la tête est le point de départ.

La tête et le corps

La première chose à faire est de rassembler les 195 demi-pinces nécessaires au total (modèle 72 × 10), après élimination des pièces tordues, cassées ou altérées d'une quelconque façon. Choisissez-en quatre pour commencer et assemblez-les deux à deux par les mâchoires (plat sur plat). Collez ensuite les deux modules ainsi obtenus sur pan (droit).

Ceci fait, choisissez de nouveau quatre pièces et assemblez-les deux à deux, chant sur chant (droites); placez une autre pièce devant vous sur le plat et fixez-y les modules précédents, plat sur chant, en décalant légèrement les extrémités (11 mm) (fig. I). Emboîtez, sans le coller, le module en forme de V pour une première mise en place (fig. 2).

A partir de ce moment, les opérations effectuées simultanément de part et d'autre de la rangée centrale sont identiques; aussi, pour plus de simplicité, nous ne parlerons que d'un côté de l'axe.

Confectionnez un deuxième élément central en assemblant deux pièces par les reliefs, alignez-les sur le précédent élément central et rapportez dans le prolongement du module, chant sur chant, un deuxième module semblable; conjuguez-le au premier par un assemblage, pan sur pan (inversé), en même temps que vous lui fixez le deuxième module central (fig. 3).

Rajoutez deux pièces (chant sur chant) sur la deuxième rangée de la structure (fig. 4); la première, inversée, et avec un léger décalage, la seconde, droite, et avec un décalage de 11 mm.

Au fur et à mesure, fermez la partie supérieure de la construction en plaçant des pièces alignées sur l'axe de l'oiseau, la première avec ses reliefs à l'extérieur, la seconde vers l'intérieur.

Poursuivez la progression en ajoutant une pièce centrale préalablement réduite (L = 47 mm) de manière qu'elle ne dépasse pas en longueur le dernier module chant sur chant (analogue et dans le même sens que le premier) (fig. 4).
Collez ensuite sur le flanc deux modules de deux pièces, chant sur chant (droit), et alignez-les (fig. 5) sur le premier plan par superposition.
Placez trois nouvelles pièces sur l'axe de l'oiseau (fig. 5) ainsi qu'un morceau de pièce correspondant à une branche en même temps que vous collez le module en V de la tête sur le corps en l'encastrant dans le logement prévu à cet effet (fig. 6)
Placez maintenant deux pièces sur les modules, chant sur chant (décalage 7 mm vers l'arrière, en rapport avec la pénétration du module en V), puis terminez par l'adjonction d'une pièce, assemblée sur les reliefs des précédentes et de deux autres assemblées entre elles par les tranches au niveau de la première.
Les dernières opérations (fig. 7) consisteront à coller une pièce vers l'arrière et trois morceaux correspondant à des branches vers l'avant, dans le prolongement des pièces assurant l'arrondi. Rajoutez aussi pour finir ce dernier une pièce coupée au niveau du creux du linge (fig. 7).

1. Départ de la structure. — 2. Positionnement du module frontal. — 3. Prolongement de la structure longitudinale. — 4. 5. 6. et 7. Plans successifs de construction du corps, vus de profil. — 8. Coupe transversale. — 9. Demi-vue de dessous. (éch. : 1/2).

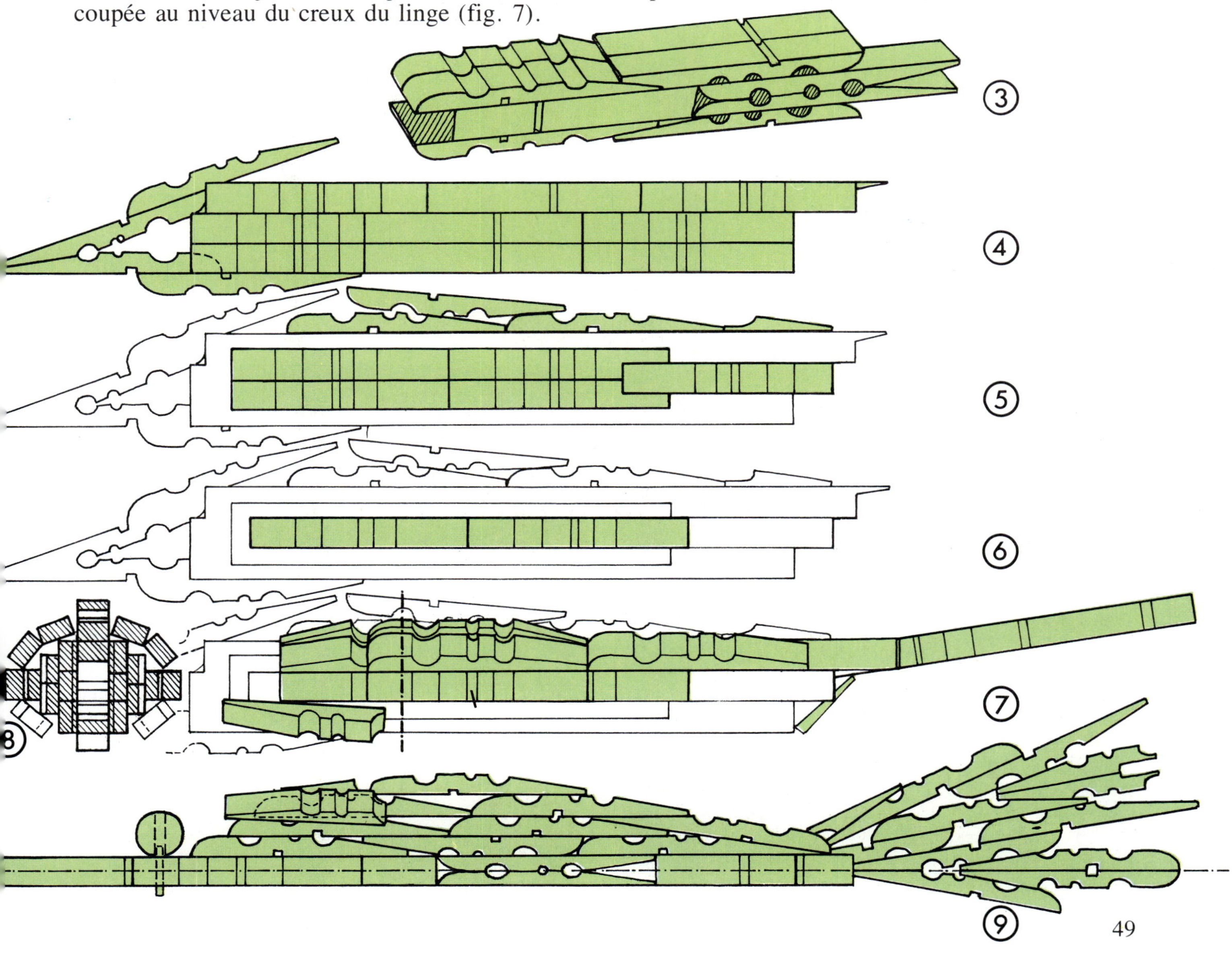

La queue

Pour confectionner la queue, commencez par assembler douze pièces deux à deux au moyen d'assemblages plat sur plat (par les branches), afin de constituer six modules identiques. Choisissez-en deux, assemblez-les par deux pans. L'élément obtenu est du même type que le module en V de la tête. Répétez l'opération avec deux autres modules plats sur plats (par les mâchoires) pour obtenir le même module en V. Encastrez-le dans le précédent et rajoutez deux pièces jointes (plat sur plat, droites) en les encastrant dans ce dernier.

Collez ensuite sur la queue les deux modules restants (préalablement confectionnés) de façon que l'un de leur plat s'appuie sur l'arrondi du premier module, et leur extrémité sur les branches jointes du premier module (fig. 8).

Pour terminer la queue, coupez quatre pièces à la hauteur du creux du linge, assemblez-les par les plats (droites) et encastrez ces deux nouveaux éléments par les branches dans la structure entre les derniers modules montés et les précédents.

La queue doit être bien solide pour être rattachée au corps par la pointe. Emboîtez-la au niveau de la troisième rangée en la relevant d'environ 10 mm. Consolidez-la au moyen de deux

Assemblage du corps aux ailes.

Vue générale de dessous.

Collage de la partie inférieure.

Peinture de l'ensemble.

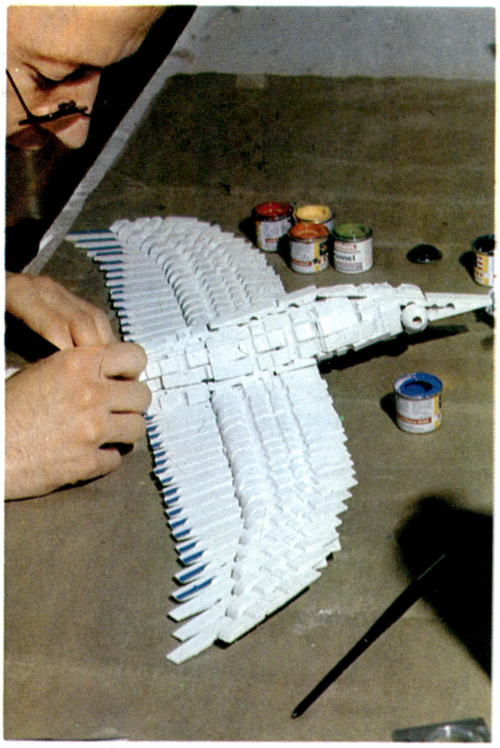

petites moises d'une longueur de 44 mm (à partir du bout des branches, assemblées par la face interne).
Le collage des pièces rentrant dans la composition de la queue se fait de préférence en posant tous les chants à plat sur la table de travail, sauf bien sûr si vous observez trop d'inégalité dans la largeur des pièces.
Choisissez deux grosses perles pour les yeux et assemblez-les par un petit tourillon à la jonction du modèle initial.

Les ailes
Les ailes comprennent 113 pièces. La première opération consiste à réaliser une petite traverse de 491 mm en alignant dans leur longueur un certain nombre de pièces (quatorze pleines et une coupée en deux morceaux), ceci sur deux rangées et par l'intermédiaire de trois assemblages conjugués (pan sur pan inversés, chant sur chant en parquet, et par les mâchoires), le décalage de la deuxième rangée étant ici de 11 mm de chaque côté.
Confectionnez 42 modules (plat sur plat par les mâchoires) et collez-les sur la traverse au niveau du changement de plans en les répartissant symétriquement. Ménagez 23 mm entre le 21e et 22e, c'est-à-dire l'espace suffisant pour y fixer deux pièces, chant sur chant, ceci sur le même plan que la traverse et dans la continuité du profil des ailes. Notons que le montage s'effectue du milieu des ailes vers les extrémités en décalant progressivement les modules en faisceau et aussi dans leur longueur.
Rajoutez au milieu du petit chant de la traverse un module de deux pièces assemblées (plat sur plat droites) pour consolider l'attache des ailes au corps.
Rapportez une pièce à chaque extrémité, toujours dans la continuité du profil, en plus d'un morceau de 58 mm de long que vous placez aux deux bouts de la traverse en respectant un décalage de 11 mm.
Pour une parfaite jonction des ailes au corps, collez l'ensemble avec de nouvelles pièces, vous assurerez ainsi une plus grande surface de contact. Placez pour cela le corps de l'oiseau sur la traverse dans l'espace prévu entre les deux séries de modules et placez d'abord sur les ailes une pièce de chaque côté du corps, en la bloquant dans la largeur comme dans la hauteur. Procédez ainsi pour le 2e plan des ailes avec un module plat sur plat (droit).
La structure inférieure est composée de sept pièces pleines. Assemblez-en deux par les chants (droites), puis deux autres de chaque côté avec un décalage. Assemblez-en trois sur chant (droites) et superposez-les aux précédentes dans l'axe de la structure de manière que leur plat soit posé sur le pan des quatre autres avec un décalage en longueur de 30 mm. Rajoutez deux branches collées sur chant pour parfaire le profil et une plus petite située dans l'axe.
Collez l'ensemble, pour finir, sous les ailes, la mâchoire des pièces latérales étant situées au niveau de la traverse.

Tablette murale

Voici une tablette murale des mieux venues dans n'importe quelle cuisine pratique et moderne. Là encore, les services que l'on peut attendre de ce modèle sont nombreux et variés. Sa construction ne présente aucune difficulté. Confectionnez d'abord chacun des deux éléments latéraux : assemblez deux pièces, pan sur pan inversées, adjoignez-leur sept pièces, plat sur plan en faisceaux reposant sur une pièce perpendiculaire maintenant la tablette de 19 pièces, chant sur chant (droites) et plats apparents et soutenue elle-même par un couvre-fiche. Collez ensuite le panneau mural sur le chant des deux montants.

Potence

Cette petite potence de cuisine peut avoir de multiples usages, on y suspendra des aliments : oignons, poireaux, saucissons, jambons, ou des ustensiles : poêles, casseroles, fusils, etc. Elle pourra être vissée ou collée selon le poids qu'elle est destinée à supporter. Sa fabrication, très simple, est axée sur les bonnes propriétés immobilisatrices des assemblages par emboîtement, réalisés à partir de modules, chant sur chant droits, trois de deux pièces, pour la partie triangulaire et un de quatre pièces formant le petit panneau d'applique, placé de telle sorte que le plat soit sur le mur.

1

Puits

Cette petite série décorative est issue d'un modèle de puits traditionnel avec son cuveau cylindrique, ses deux montants axiaux supportant le toit, construit lui-même sur un ou deux plans.
Le cuveau cylindrique est invariablement construit selon le même procédé (employé aussi pour la locomotive, ou les récipients à condiments). Il consiste à assembler les pièces autour d'une forme circulaire; seul change leur appareillage. On peut choisir de les juxtaposer dans le même sens (fig. 1) ou en les inversant (fig. 2) pour donner une animation plus équilibrée dans la hauteur.
Les montants par contre peuvent avoir des configurations variées; leur attache se fait à l'extérieur du cuveau au moyen d'assemblages par emboîtement ou à l'intérieur du cuveau au moyen d'assemblages par les plats. Le plus souvent, on leur adjoint une pièce de liaison faisant office de petite barre, ainsi que deux traverses supportant le toit.
Le toit, à un ou deux pans, est généralement confectionné au moyen de modules, chant sur chant droits ou chant sur chant inversés dans le sens comme par le côté (fig. 3), mais les faîtages et les longerons de dessous de faîtage ne concernent que les toits à deux pans.
Les contre-fiches sont souvent bienvenues avec les toits à deux pans.

2

3

Locomotive

Comment aurions-nous pu terminer cet ouvrage sans faire un petit parallèle entre cet art spontané et l'un des premiers symboles du progrès technique que sont les locomotives, expression du besoin inventif ?

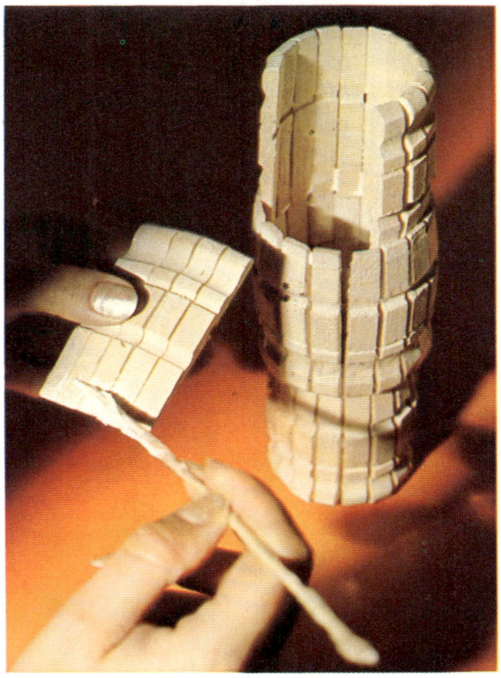

Votre première tâche consistera en la réalisation du corps central circulaire : confectionnez sur une forme trois cylindres avec des pièces assemblées droites par les tranches ; emboîtez deux de ces cylindres dans le troisième. Construisez en second lieu une cheminée à section carrée faite au moyen de huit pièces assemblées de deux en deux droites, chant sur chant et plat sur chant au niveau des reliefs. Il est important de rectifier les branches dépassantes de manière à les aligner sur les plans obliques des côtés. Coupez ensuite deux pièces à 40 mm de l'extrémité des mâchoires pour réaliser le sifflet.
Montez maintenant la plate-forme en assemblant huit pièces, chant sur chant (droites), les deux panneaux latéraux composés de neuf pièces assemblées de la meme façon, les quatre montants constitués de deux pièces, chant sur chant droites assemblées, plat sur plat (en ligne) aux deux pièces extrêmes des panneaux latéraux et le toit fait de deux panneaux de neuf pièces sur chant, assemblées pan sur pan, en marquant une légère rupture de plan dans l'axe.
Fixez alors (reliefs dehors) les deux panneaux latéraux à la plate-forme intérieure en vous aidant de deux pièces hori-

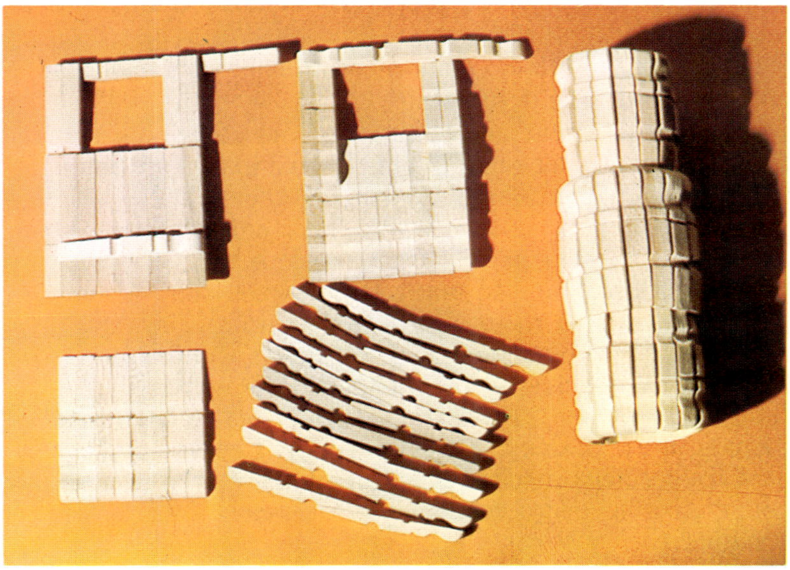

zontales (placées de telle façon que la plate-forme repose dessus) et d'une traverse. Prolongez la plate-forme d'un deuxième plateau de huit pièces assemblées au premier, pan sur pan.

Consolidez-le également avec une pièce traversière placée à son extrémité. Rapportez le toit en le plaçant sur les quatre montants par l'intermédiaire de deux longerons faits de deux pièces assemblées, plat sur pan, par les branches. A cela viennent s'ajouter deux rebords constitués chacun de deux pièces assemblées pan sur pan.

Collez à présent le corps central cylindrique sur le deuxième panneau de la plate-forme en même temps que deux modules latéraux constitués de trois pièces (deux sur chant et une plat sur chant; longueur: 59 mm). Attention! vérifiez, pendant l'assemblage, la verticalité de la cheminée et du sifflet.

La construction du train avant commence par la réalisation d'un petit coffrage de trois modules de trois pièces, chant sur chant, droites. Placez-le dans le prolongement de la plate-forme. Attention: la pièce horizontale du coffrage doit être réglée de façon que les essieux immobilisés puissent tourner sans frottement sur le chant des modules latéraux du coffrage.

Préparez les essieux avec des baguettes rondes de 3 mm de diamètre en tenant compte de l'écartement des roues qui doit être légèrement supérieur à quatre largeurs de pinces à linge.

Coupez les roues dans une barre de 45 mm en leur donnant une épaisseur de 20 mm environ, et emboîtez-les dans les essieux (écartement: 42 mm).

Confectionnez l'élément inférieur du train avant en assemblant deux pièces, chant sur chant, et en leur accolant deux autres pièces inversées.

Faites varier l'écartement des creux de ressort en déplaçant ces deux nouvelles pièces latérales dans la longueur, et réglez-les par rapport au module, chant sur chant, droit, de telle façon que l'écartement corresponde à celui des essieux.

Collez maintenant le module inférieur sur le coffrage en prenant les essieux en « sandwich » dans le creux.

Consolidez le devant du coffrage par deux pièces coupées, placées verticalement et supportant le plan oblique de la locomotive.

Rajoutez un module de deux pièces, chant sur chant, sur le coffrage au-dessus des roues.

Quatre pièces, chant sur chant, vous sont utiles pour confectionner le petit plateau de la plate-forme extérieure; ajoutez-lui deux montants assemblés sur les chants de la dernière pièce du plateau et reliés par une pièce collée plat sur chant au plateau, (longueur: 62 mm), et deux petites pièces de rambarde (longueur: 46 mm). Découpez ensuite les cercles des deux grandes roues (diamètre: 90 mm) ainsi que leur moyeu dans une plaque de bois de 10 mm. Confectionnez les huit rayons de chaque roue dans des branches de pinces (longueur: 32 mm), ajustez-les et collez-les de façon que les pointes soient placées sur les moyeux. Il ne vous reste plus qu'à couper deux mâchoires à 22 mm de l'extrémité et de les coller dans le décrochement des panneaux latéraux de la machine.

Jeu d'échecs

Est-il besoin d'en dire plus ? L'art des pinces à linge ne prend-il pas avec cette série d'objets tout son sens et toutes ses dimensions ? Certes, et nous pouvons reconnaître en eux un bel exemple de la souplesse du travail des pinces à linge et de la multiplicité de ses adaptations formelles auxquelles chacun d'entre vous peut prétendre accéder dans la recherche avec juste un peu de bon sens, de goût et d'imagination en se servant de la grande variété d'appareillages et d'assemblages exposés dans la première partie de l'ouvrage. Le but préconisé n'est pas tant l'exacte réplique des modèles présentés, que la concrétisation d'idées, parallèles dans la démarche, et faisant appel au même souci de synthèse visuelle. Abordez donc de tels modèles avec largesse et compréhension des formes, ne vous fourvoyez pas avec des a priori mais au contraire, laissez vos mains élaborer elles-mêmes chaque structure, chaque volume, en vous amenant d'un stade à un autre de la construction pour atteindre finalement le terme heureux de votre progression.

Les modèles que nous vous proposons dans ces pages sont les petits sujets d'un jeu d'échecs traditionnel ; on retrouvera donc les huit pions de première ligne et les pièces de seconde ligne (le roi, la reine, les deux fous, les deux chevaux et les deux tours).

Les Soldats

Ce sont les plus petites mais aussi les plus simples des pièces, leur hauteur n'excède pas 15 mm. Ils sont constitués d'un module, plat sur plat (droit) coupé après le creux du linge.

Le Roi

Pour construire le Roi, choisissez au départ six pièces entières (modèle 72 × 9 comme pour toutes les autres). Assemblez-en deux, reliefs sur reliefs (droites) pour constituer l'élément central, puis les quatre autres par le plat et dans le même sens, sur les quatre côtés du nouveau module formé, en ménageant un décalage de 14 mm environ destiné à recevoir les quatre éléments de la tête que vous collez par le plat, l'arrondi de la mâchoire vers le bas. Assemblez quatre pièces de 14 mm comportant l'arrondi des mâchoires en plaçant la coupe de l'une sur le chant de l'autre avec le coin gauche confondu; collez cette structure sur la tête et coiffez le tout d'une branche de 14 mm droite. Coupez ensuite huit pièces à 48 mm de l'extrémité des mâchoires, collez-en quatre par le plat sur les reliefs des quatre pièces de l'élément central de façon que l'arrondi des premières soit dirigé vers le haut et placé à la hauteur de la rupture avec le plan oblique. Complétez alors par l'assemblage des quatre autres pièces aux précédentes sur tranches.

La Reine

Assemblez deux pièces plat sur plat (droites), ajoutez-en quatre, toujours dans le même sens et au même niveau sur les quatre faces du module constitué que vous placez maintenant verticalement et aux pièces duquel vous adjoignez un prolongement pan sur pan de 49 mm environ (hauteur des huit pièces de l'étage inférieur). Le prolongement est destiné à recevoir ces huit pièces au moyen d'un assemblage très voisin de celui de l'étage inférieur du Roi (quatre pièces par les plats, et quatre par les tranches). De la même façon sont collés les huit pans coupés externes de l'étage moyen (hauteur: 23 mm). Confectionnez pour la couronne quatre petits morceaux de 14 mm, assemblez-les, coupe sur chant, avec un coin confondu. Prélevez ces morceaux dans la partie centrale des pièces comprise entre le creux du fil et celui des pattes de ressort.

Tours et leurs éléments constitutifs.

Roi et ses éléments constitutifs.

Construction des deux reines.

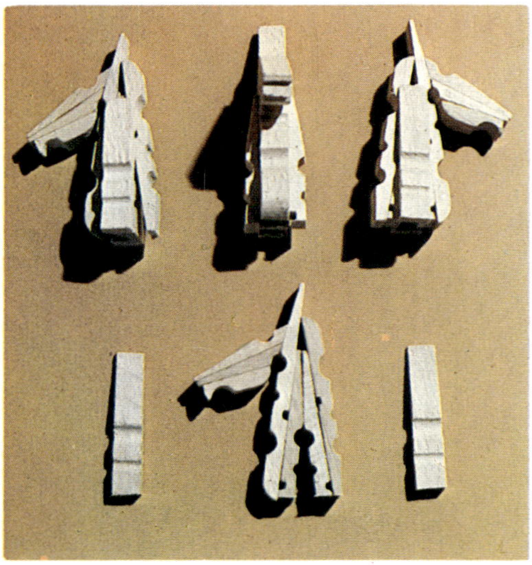

Chevaux et leurs éléments constitutifs.

Schéma de disposition des pièces : 1. Le roi. — 2. La tour. — 3. Le cheval. — 4. Le fou.

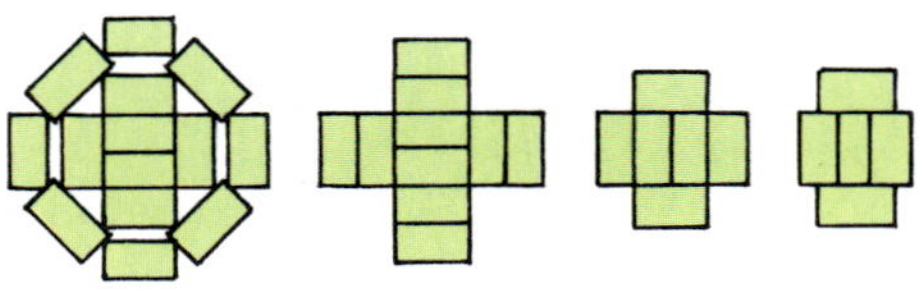

1 2 3 4

Le Fou

Il est exclusivement composé d'éléments coupés et alignés par la base, les deux plus importants étant ceux de la tête et des flancs (hauteur : 48 mm). Assemblez-les par les plats sur les deux côtés du biseau d'une pièce coupée à 39 mm de l'extrémité des branches. Rajoutez-lui deux pans coupés de 23 mm de haut, devant et derrière.

Le Cheval

Sa construction s'effectue sur trois niveaux comme pour le Fou. Commencez par couper une pièce à 60 mm de l'extrémité des mâchoires puis deux autres à 49 mm de l'extrémité des branches ; collez-les dans le même plan, les deux dernières, pan sur pan (droites), la première, plat sur pan (mâchoires en haut), en les alignant toutes les trois par la base. Rapportez dans les mêmes conditions une autre pièce entière, plat sur pan, et deux pièces coupées par le plat (hauteur : 48 mm) sur chaque côté. Pour la tête, coupez d'abord deux pièces en biais, collez-les, plat sur plat (droites) (longueur du plan de joint : 32 mm) et rapportez une mâchoire de 23 mm en décalant la coupe de 2 mm. Collez la tête pour finir sur le pan de la pièce entière.

La Tour

Confectionnez d'abord un petit module parallélépipédique et récupérez deux morceaux de chute (hauteur : 14 mm). Sur chaque côté, rapportez par les reliefs une pièce coupée à 59 mm de l'extrémité des branches de telle sorte que la face supérieure du parallélépipède soit à la hauteur de l'amorce du creux du linge. Assemblez pour terminer quatre branches de 33 mm, plat sur plat par les branches.

L'échiquier

L'échiquier peut être réalisé de diverses manières : soit avec une plaque de bois pyrogravée, de verre, de marbre, ou encore, au moyen de modules carrés de quatre pièces inversées, chant sur chant.

Crocodile

Pas moins de 220 pièces composent cet attendrissant petit animal amphibie, dont l'œil circonspect et rusé ajoute au caractère redoutable de l'individu. Et lorsque l'on sait de quoi ces « grands lézards » sont capables, on peut se rendre compte à quel point cet œil rempli de menaces accuse le tragique de l'inégalité des ordres naturels... Une charmante bête néanmoins en la compagnie de qui vous passerez des heures fascinantes au moment de sa construction. Celle-ci s'aborde d'ailleurs avec grande simplicité et méthode. Le nombre de pièces n'augmente pas la complexité du montage dans des proportions excessives, contrairement à ce qu'il est permis de penser. Cela tient au fait que nous avons limité le nombre d'appareillages dans la réalisation du corps qui ne demande pas plus de quelques heures de travail malgré ses 90 cm de long.

Les pinces utilisées sont de deux sortes : le modèle 72 × 10 (pour les mâchoires) et le modèle 75 × 9 pour le corps et les pattes de l'animal.
Les faces internes des deux mâchoires sont confectionnées suivant un modèle identique (fig. 1) ; seules varient leurs attaches au corps, la mâchoire inférieure est fixe et la mâchoire supérieure est articulée par deux pièces. Pour un meilleur repérage des mâchoires, nous conseillons de les réaliser toutes les deux en même temps.
La confection d'une mâchoire conjugue plusieurs types d'assemblage qui forment une structure répartie symétriquement de part et d'autre de l'axe, d'après le principe des angles alternes correspondants (l'angle étant ici celui du biseau des branches). Pour plus de clarté, nous parlerons seulement d'un côté, étant bien convenu que les côtés sont identiques et montés simultanément.
La première opération du montage consiste à assembler deux pièces inversées (plat sur plat) auxquelles on adjoint une pièce inversée (plat sur reliefs) en alignant l'extrémité de sa branche sur la racine d'un des deux arrondis du premier module constitué. La 4e pièce viendra se placer par la branche dans l'angle formé par les précédentes, de façon que son plat soit parallèle à l'axe de la mâchoire du crocodile. Remarquons dès maintenant que les pièces de la face interne de cette mâchoire sont situées sur le même plan et disposées sur leur chant comme le seront les suivantes. La 5e pièce est assemblée par les reliefs à la 4e et par l'arrondi des mâchoires sur la 3e. La 6e pièce est assemblée (inversée), plat sur plat, à la 5e avec un léger décalage (10 mm) vers les attaches. La 7e pièce est collée sur la 6e par superposition, l'extrémité des branches étant placée à la hauteur du trou des pattes de ressort de la précédente. La 8e est coupée à 24 mm de l'extrémité de la branche assemblée plat sur plat (inversée) à la 7e. La 9e est placée au niveau de la 7e sur les 5e, 6e et 8e pièces (par les reliefs), et assemblée (droite) à la 10e (plat sur plat). La 11e est coupée à 44 mm de l'extrémité des branches et assemblée (plat sur plat) à la 4e dans l'angle formé par celle-ci et la

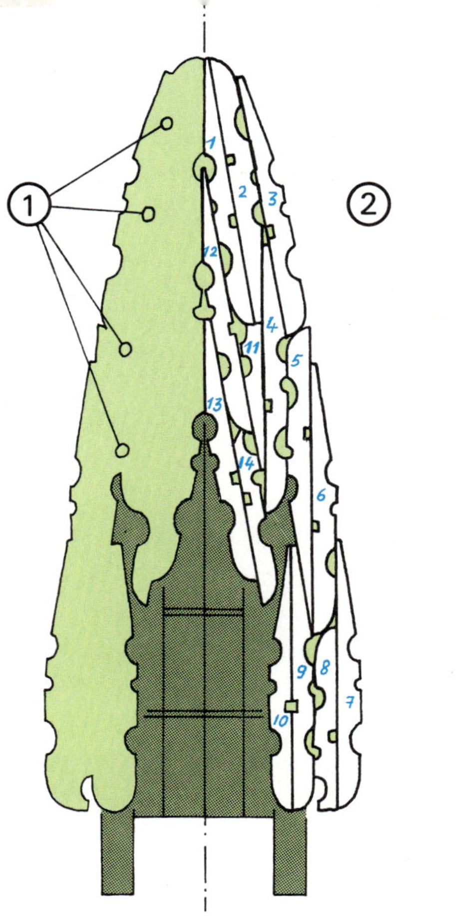

1. Points d'encrage des dents. — 2. Éléments constitutifs de la demi-mâchoire inférieure.

1 

2 

première pièce. Rajoutez deux autres pièces à la nouvelle structure, la 12e et la 13e en les assemblant dans leur largeur par superposition partielle (décalage : 30 mm entre la 1re et la 12e, 40 mm entre la 12e et la 13e). Pour finir la structure, collez la 14e sur la 13e (plat sur plat), l'assemblage s'effectuant en ménageant un décalage de 7 mm vers les attaches. Ceci fait, assemblez les deux structures symétriques obtenues, par les pans des 1re, 12e et 13e pièces de telle façon que l'écartement extérieur soit de 80 mm.
Après avoir confectionné les deux parties identiques des mâchoires, choisissez-en une et collez-y 15 pièces par le plat, dont deux seront préalablement collées droites sur chant et deux autres coupées au niveau du creux du ressort. Disposez-les symétriquement en les répartissant le plus régulièrement possible, toutes branches vers la pointe. Sur chacun des bords, placez dans leur longueur (depuis l'attache jusqu'à la pointe) la pièce réduite (45 mm) et deux autres pièces. Fixez dans l'axe, à partir de la pointe, une pièce entière dans sa longueur, puis les deux pièces jointes. Placez ensuite les deux pièces constituant les attaches de façon que leur écartement soit de 34 mm, puis deux autres entre les rangées des bords et la rangée centrale. Le plan supérieur est composé de cinq pièces collées droites (chant sur chant) assemblées dans l'axe à la structure précédente et alignées au bord d'articulation ; biseautez les deux pièces latérales sur toute la longueur et les deux suivantes sur 3 mm environ.

Le premier niveau, qui est en réalité le dessous du crocodile, est constitué de pièces décalées dans leur longueur et assemblées chant sur chant, toutes branches vers la queue excepté les trois pièces soutenant les mâchoires. La rangée du milieu

1. Confection de la mâchoire supérieure. — 2. Articulation des mâchoires au corps. — 3. Mâchoire supérieure vue de dessus. — 4. Vue de dessous du crocodile (éch. : 1/3).

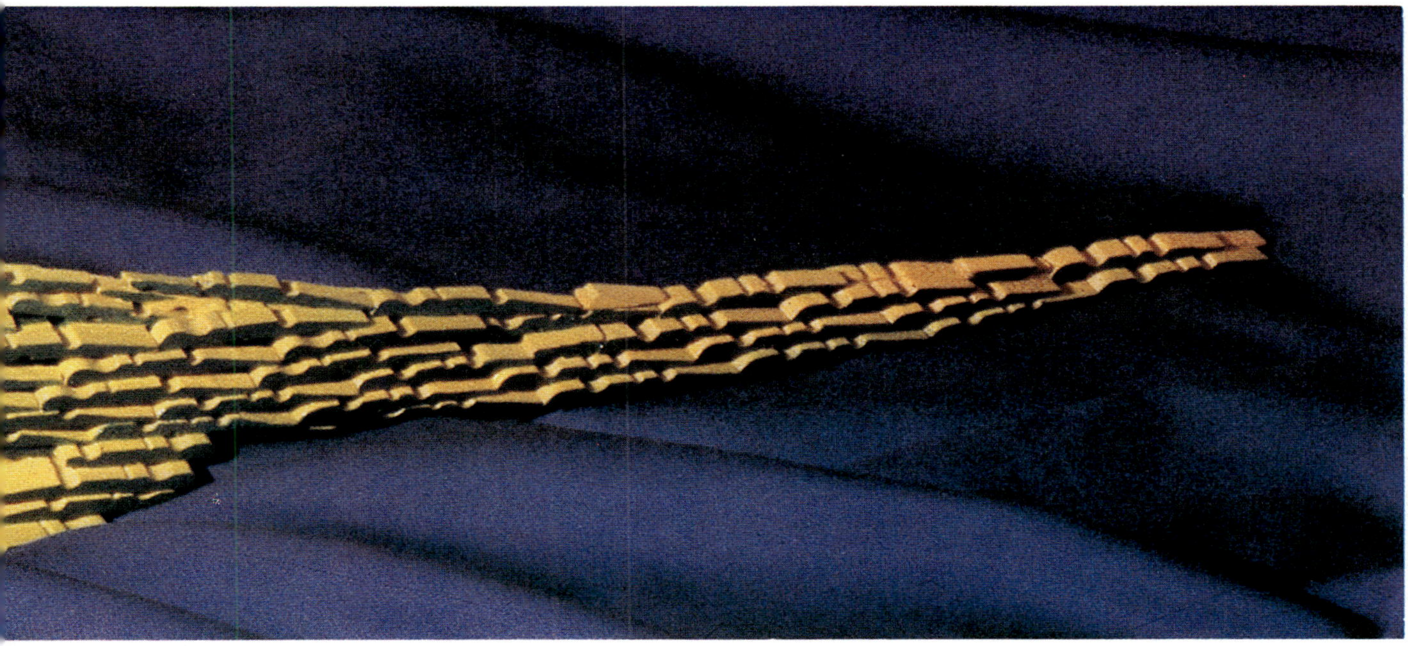

comporte treize pièces, dont la 8ᵉ, la 9ᵉ et la 10ᵉ sont coupées au creux du fil; c'est sur elles que repose la perfection de la courbe.

Les deux rangées contre-axiales comportent chacune quatorze pièces : six (dont cinq coupées au creux du fil) dans la courbe extérieure et cinq dans la courbe intérieure. Les deux rangées intermédiaires sont faites de six pièces, et les deux rangées latérales de cinq pièces. Les pièces terminant à l'arrière les cinq rangées situées de chaque côté de la rangée du milieu sont coupées dans leur diagonale; les décalages observés au début des rangées sont (en partant du milieu) 28, 48 et 28 mm.

Effectuez l'arrondi du corps au moyen d'assemblages par superposition partielle décalée en longueur et en largeur, toutes branches arrière; le 2ᵉ niveau compte dix pièces de chaque côté, le 3ᵉ niveau neuf de chaque côté (plus une à leur jonction), le 4ᵉ niveau huit, le 5ᵉ niveau six de chaque côté (plus deux sur la queue) et le 6ᵉ niveau six de chaque côté. Rapportez une branche à la jonction des côtés du 4ᵉ niveau et deux mâchoires de pinces (28 mm) à l'amorce de la courbe. Effectuez le montage de l'arrière vers l'avant en coupant s'il

3

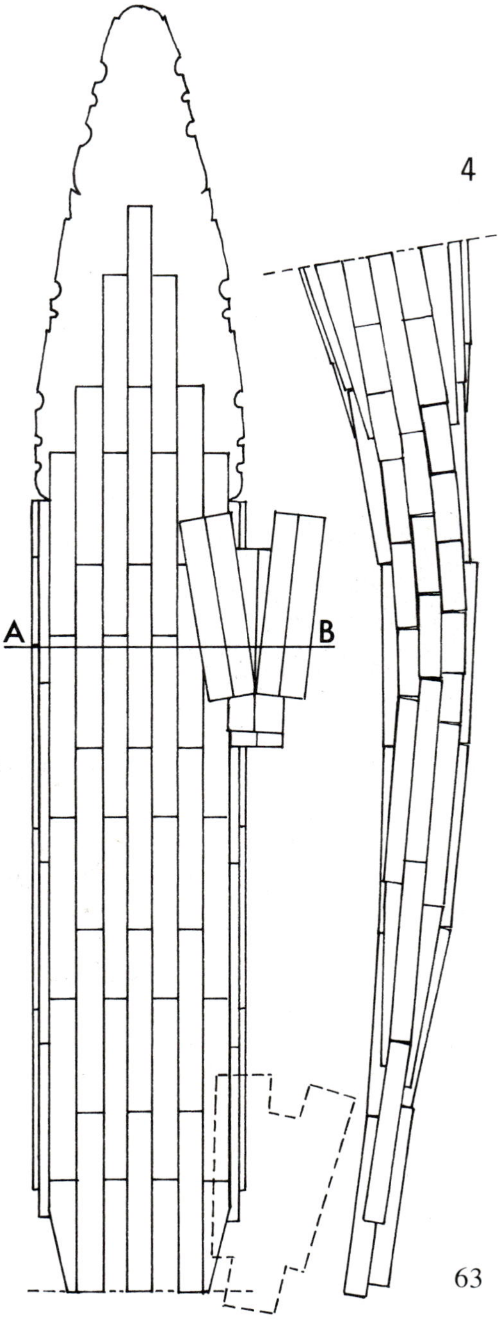

4

Confection des pattes.

Coupe suivant A B vue vers l'arrière (éch. : 1/2).

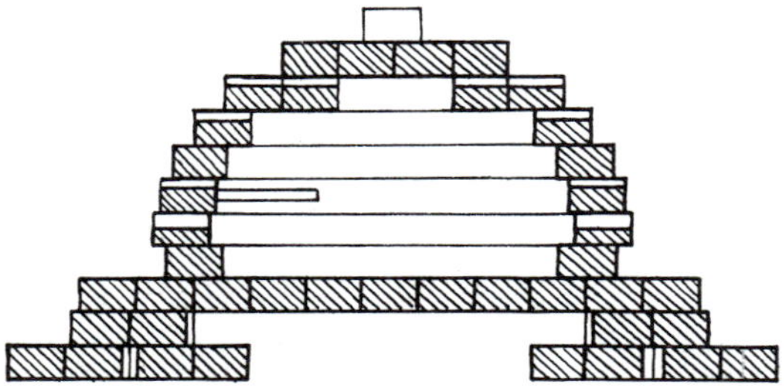

y a lieu les dernières pièces de chaque niveau pour les aligner à l'endroit de l'attache. Le 7e niveau comporte de chaque côté une pièce et quatre modules de deux pièces, chant sur chant; le 8e niveau comporte trois modules de quatre pièces chant sur chant (droites) et un module de deux pièces chant sur chant (droites) placés sur l'axe. L'épine dorsale compte, de l'arrière à l'avant: une branche de pince, deux pièces entières, dont la dernière est collée plat sur plat sur une autre pièce retournée, et trois pièces pour finir. Le 8e niveau est terminé par deux morceaux transversaux de 35 mm et le 7e niveau par un morceau de 22 mm correspondant à l'écartement des deux côtés du niveau.

Choisissez pour les yeux deux grosses perles de 18 mm de diamètre et placez-les à chaque extrémité des derniers modules du 7e niveau; quatre petits morceaux (taillés dans des branches) serviront à les englober.
Fixer maintenant une des deux structures identiques sur l'appendice du 1er niveau en la renforçant par une pièce axiale. Placez ensuite un petit tourillon de 27 mm de long entre les 4e et 5e niveaux à 15 mm de l'articulation pour permettre de maintenir la mâchoire supérieure du crocodile en l'air.
Taillez pour finir des petites dents de 25 mm dans des morceaux de coupe et fixez-les dans les trous périphériques de la mâchoire inférieure.
Pour réaliser les pattes, confectionnez 16 modules de deux pièces assemblées droites, chant sur chant. Placez-en deux devant vous de façon que leurs axes convergent. Superposez-les partiellement par un autre module orienté sur la bissectrice de l'angle formé; coiffez enfin l'ensemble d'un 4e module légèrement décalé vers le corps. Procédez ainsi pour les trois autres pattes, et collez sous le 4e niveau du corps.